1日1分レッスン! TOEIC® Test
英単語、これだけ

中村澄子

祥伝社黄金文庫

本文デザイン　内藤裕之
編集協力　　　編集館

まえがき

　2005年1月に上梓した初めての本『1日1分レッスン！ TOEIC Test』、続いて今年2月に上梓したシリーズ2冊めの『1日1分レッスン！ TOEIC Test　パワーアップ編』、おかげさまでどちらも読者の方たちに好評で、2冊合わせて約15万部となりました。

　受験生の中には、「緑の本」と呼んでくださる方たちがいらっしゃるようで、TOEICテストの会場でも、教室に持ち込んでテスト開始直前まで読んでくださっている姿を時々見かけます。

　また、東京・八重洲で開いている私の教室も、「本を読んで気に入ったから」という理由で参加してくださる方が増えています。

　2冊めの本ができた直後、担当編集者おふたりが新宿にあるロシア料理のお店で、慰労会を開いてくださいました。

　その時編集長が、

「中村さんの2冊めの本が出ると同時に、他の英単語本（TOEIC関連本ではありません）も売れているんです」

とおっしゃったので、

「TOEIC頻出単語なら、使えるものが手元にありますよ。去年1年間、インターネットの有料会員サービスで、メールマガジンの読者に提供したリストです。1週間に5単語と解説を1年以上提供したので、250語くらいはあります。テストによく出ると、会員には評判が高かったですよ」

と答えると、

「じゃあ、それを本にしましょう」

と、編集長の鶴の一声で、ロシア料理店で思いがけず本書の出版が決まりました。今年の4月のことです。

有料会員サービスとして提供する際に、「最近出ている単語」という観点で選んでいたのですが、本にすることが決まり改めて見直すと、作成後1年もたっていないのに、すでに出題傾向から古くなっている単語もありました。

そこで、それらの単語をすべてカットし、改めて100単語を追加し、330単語としました。

最近のTOEICは、使われる英文がビジネス系のものにシフトしています。新TOEICになってこの傾向に拍車がかかってきました。

ということは、大学受験用の単語本や英検用の単語本と、TOEIC頻出単語では傾向が違ってきているということです。

また、同じTOEIC用の単語本でも、古い時期に作成されたものは使いにくいということになります。

「単語力のなさが、リスニングセクションにも、リーディングセクションにも響いているのですが、どの単語本がいいのでしょう」

という質問を頻繁に受けます。

ほとんどの単語本は2000語以上という膨大な数の単語を扱っていて、それでいながらビジネス系の単語は少ない、というのが実情です。単語力のない人には使いにくい単語本が多く、困っている様子でした。

本書の特徴は、3年間毎回TOEICを受け続けてきた私の記憶と研究に基づき、最近のTOEICに出ている単語だけに絞り込んだという点です。前述の通り、思い切って330語に厳

選しました。

　また、単語本としてはおそらく初めてだと思うのですが、TOEICの中でどのような形でそのパートで使われているのか、かなり長めの解説をつけました。この解説は有料会員サービスの際にも好評でしたが、今回、全面的に見直して手を入れました。

　単語は例文の中で覚えるのがベストなので、すべての単語に例文をつけています。

　さらに、祥伝社のホームページから、本書の英単語と例文の音声ファイルをダウンロードできるようにしています（詳しい方法は最終ページをご覧ください）。

　録音は私の長年の恩師であり、『すらすら／らくらく／わくわく／うきうき英文速読術』など数多くの英語関連の本で人気を博したケネス先生にお願いしました。

　お手元のパソコンやMPプレーヤーで、ネイティブの発音を確認することができます。

　目で覚え、書いて覚え、耳で覚え、さまざまな方法で本書をご活用ください。

　過去に発売しました2冊の文法対策本同様、この単語本も皆様のお役に立つものと信じております。前2作同様、よろしくお願いいたします。

2006年8月
中村澄子

Contents

まえがき ・・・・・・・・・・・・・・・・・・・・・・・・・・・003

読者の声、ご紹介します ・・・・・・・・・・・・・・・・・008

この本の使い方 ・・・・・・・・・・・・・・・・・・・・・・010

1章　パート1によく出る単語・熟語 ・・・・・・・011

単語コラム 英単語暗記法──私のやり方 ・・・・・・031

2章　パート2・3によく出る単語・熟語 ・・・・033

単語コラム 英単語暗記法──固まりで覚える ・・・149

1日1分レッスン! TOEIC® Test 英単語、これだけ

3章 パート4によく出る単語・熟語・・・・・・151

単語コラム TOEIC向けの単語学習法・・・・・・193

4章 パート5・6によく出る単語・熟語・・・・・195

単語コラム「音声版」の録音風景・・・・・・・・・・279

5章 パート7によく出る単語・熟語・・・・・・・281

単語コラム オフィスS&Yの今・・・・・・・・・・・・361

索引・・・・・・・・・・・・・・・・・・・・・・・・・・363

音声版ダウンロードについて・・・・・・・・・・・・・377

読者の声、ご紹介します

　本書の著者である中村澄子先生は、TOEIC 講師として、大手企業やセミナーなどで「効果的に点数をアップさせる」と絶大な評価を得ています。

　そのノウハウをワンポイントで教える無料メールマガジン「時間のないあなたに！即効 TOEIC 250 点 UP」は購読者が 1 万人を超える人気メルマガですが、さらに有料会員向けに、TOEIC に関するさまざまな重要情報を提供しています。

　本書は、有料会員向けの単語教材が基になっています。

　単語教材を活用している有料会員の皆さんに、効果のほどを語っていただきました。学習の参考にしていただけますと幸いです。（編集部）

- 中村先生の前著『1 日 1 分レッスン！　TOEIC Test』やメールマガジンのおかげで文法問題には強くなったのですが、さらに高得点を出すためには単語力が欠かせません。そこで中村先生の単語集ですが、本当に TOEIC によく出ます。見事です。さすが毎回必ずご自身で受験して、TOEIC の傾向を分析されているだけあります。例文も頻出単語で構成されているので、英単語のネットワークが自然とできあがります。私が短期間で 900 点を超える原動力となりました。　　　　　　　　（ゲーム製作会社勤務・H さん　33 歳男性）
- 単語については、市販の単語本はいっさいやらず、中村先生の単語教材だけを、寝る前や電車の中で繰り返し勉強しました。出題率の高い「単語」だけでなく、センテンスの中に TOEIC 高得点のポイントがちりばめられています。だ

から、例文の一つも無駄にしないでください！　先生の教材だけで、895点（海外留学経験なし）を取ることができました。　　　　　　　　（特許事務所勤務・Tさん　35歳女性）

●受験英語を避けてきた私にとって、英語再学習は単語からだった。さまざまな単語本を学習してきたが、有料会員向けの単語集との出会いは"革新"であった。主役の単語と例文の作りがよく、例文を構成する脇役の単語まで配慮されている。さらにスゴイのはそれらの単語が本番に本当に出題されるということ！　さすがはTOEICの傾向を注視されてきた中村先生！　膨大な単語学習から解放された快感はいまだに忘れられない。

（自動車メーカー勤務・Yさん　34歳男性）

●無知なビジネス単語の知識を補おうと始めた「今週の単語」の購読。先生の詳しい解説と、わかりやすい例文を読んでいただけなのですが、TOEIC本番中、次から次へと見覚えのある単語に遭遇し、結果、大幅に点数をUPさせることができました。こんな優しい単語帳、中村先生でなければ作れないのでは、と感じています。

（外資系化学会社勤務・Tさん　25歳）

●同じ単語でも、辞書で調べるといろんな意味があって時間がかかるのですが、中村先生の教材は調べる時間が削減され、覚えなければいけない項目も減るのでとても効果的です。英文を読むときに、以前より文章が読みやすくなりました。　　　　　　　　　（地図会社勤務・Tさん　31歳）

この本の使い方

●奇数ページ
TOEIC頻出単語をクイズ形式で紹介しています。もっとも適切な日本語訳を、3択から選んでください。パート別、よく出る順です。
●偶数ページ
【解説】……類書に比べ、圧倒的に詳しく読み応えがあります。出題パターンや間違いやすいトリックを説明しています。
【派】……TOEICによく出る派生語を紹介しています。
【類】……TOEICによく出る類語を紹介しています。
【例文】……頻出単語を使った英文です。出題傾向を反映した英文なので、これを押さえるだけでも点数が大幅アップ。
【参考】……正解以外の選択肢の英単語を紹介しています。

●コラム
著者独特の単語の覚え方などを解説しています。
読むだけでも単語力がつきます。
●索引
巻末にあります。チェック欄付きなので、試験直前の総整理などに便利です。
●ダウンロード・サービス
本書の重要単語と例文を、ネイティブスピーカーが録音しました。これで、リスニング対策も万全です。ダウンロードの方法など、詳しくは本書最終ページをご覧ください。

1章

パート1によく出る単語・熟語

【パート1】

リスニングセクション、パート1の「写真描写問題」によく出る単語と熟語を集めました。

このパートは他のパートと違い、日常生活でよく使われる簡単な単語が多いです。

第1問

< stack >

この単語の、もっとも適切な日本語を選びなさい。

(1) 車などを動けなくさせる

(2) 貯蔵する

(3) 積み重ねる

第2問

< board >

この単語の、もっとも適切な日本語を選びなさい。

(1) 退屈させる

(2) 借りる

(3) 乗車する

第1問の答え　　（3）積み重ねる

< stack >

[stǽk]【動詞】積み重ねる、山積みにする

【解説】日常生活でよく使う単語で、TOEICではリスニングセクションでよく出ます。特にパート(1)の写真問題で「椅子や物が積み上げられている写真」などが出ることがあり、そのような場合によく使われる単語です。

【例文】The written materials for the scientist were stacked in his laboratory.
訳：科学者用に書かれた資料が彼の研究室に積まれていました。

【参考】(1) stick　(2) stock

第2問の答え　　（3）乗車する

< board >

[bó:rd]【動詞】乗車する、搭乗する

【解説】日常生活で頻繁に使う単語です。TOEICではパート(1)の写真問題で、飛行機や電車に乗り込もうとしている乗客の写真が出てくることが時々あり、そのような問題で毎回使われている単語が board です。搭乗券という意味の boarding pass も時々出ます。飛行機に乗ると「Thank you for your boarding.」という機内放送が流れますが、その board です。

【例文】Everyone must go through security if they want to board the flight.
訳：飛行機に乗りたい場合、誰もがセキュリティを通過しなければなりません。

【参考】(1) bore　(2) borrow

第3問

< path >

この単語の、もっとも適切な日本語を選びなさい。

(1) 通勤

(2) 小道

(3) 通過

第4問

< load >

この単語の、もっとも適切な日本語を選びなさい。

(1) 荷物を積む

(2) 同封する

(3) 出荷する

【1章 パート1によく出る単語・熟語】 015

第3問の答え　　（2）小道

< path >

[pǽθ]　【名詞】小道、道、散歩道

【解説】TOEIC ではリスニングセクション、特にパート(1)の写真問題で時々出る単語です。「人が森の中の小道を散策している写真」が出て、その答えの英文に「path」が使われることが多いです。「pass (通過)」と間違えないよう発音もチェックしておきましょう。pass が使われている英文はトリックで、間違いの選択肢です。
【類】lane, track
【例文】The large crowd made a path for the celebrity.
訳：有名人を見に集まった大勢の人々が道を作りました。
【参考】（1）commute　（3）passage

第4問の答え　　（1）荷物を積む

< load >

[lóud]　【動詞】荷物を積む、搭載する

【解説】日常生活でよく使う単語です。リスニングセクションのパート(1)の写真問題で出ることがあります。反対の単語「unload (荷物を降ろす)」も、パート(1)の写真問題を中心にリスニングセクションで使われます。名詞も同じ load で、「荷物」以外に「負荷」という意味があります。よく使う「workload (仕事の負担、仕事量)」も「load」から来ています。workload もリスニングセクションで時々出る単語です。
【例文】The laborers loaded the freight onto the ship.
訳：労働者は貨物を船に積み込みました。
【参考】（2）enclose　（3）ship

第 5 問

< merchandise >

この単語の、もっとも適切な日本語を選びなさい。

(1) 修理工

(2) 商品

(3) 博物館

第 6 問

< remove >

この単語の、もっとも適切な日本語を選びなさい。

(1) 更新する

(2) 取ってかわる

(3) 取り除く

第5問の答え　（2）商品

< merchandise >
[méːrtʃəndàiz] 【名詞】商品、製品、品物

【解説】日常的にも、ビジネスにも頻繁に使う単語で、ビジネス必須単語です。TOEICでもリスニング、リーディング、両セクションに頻繁に使われますが、特にリスニングセクションでよく出ます。商人という意味の「merchant」も出ることがあるので一緒に覚えておきましょう。
【類】product, goods
【例文】The merchandise for the fall season was put on display in the department store.
訳：秋の商品がデパートにディスプレイされました。
【参考】（1）mechanic　（3）museum

第6問の答え　（3）取り除く

< remove >
[rimúːv] 【動詞】取り除く、移す、取り去る

【解説】TOEICではリスニングセクション全パートで時々使われます。特にパート(1)の写真問題で使われることが多い単語です。リーディングセクションのパート(7)の長文読解で使われることもあります。名詞の「removal」もパート(7)などで使われることがあるので、一緒に覚えておきましょう。
【類】eliminate, displace
【例文】Garbage cans in all stations were removed because of the possibility of terrorists hiding explosives in them.
訳：テロリストが爆発物をゴミ箱の中に隠す可能性があるため、すべての駅のゴミ箱は撤去されました。
【参考】（1）renew　（2）replace

第7問

< warehouse >

この単語の、もっとも適切な日本語を選びなさい。

(1) 倉庫

(2) 住宅

(3) 車庫

第8問

< hold >

この単語の、もっとも適切な日本語を選びなさい。

(1) 停止する

(2) 電話を切らずに待つ

(3) 荷物を積み込む

第7問の答え (1) 倉庫

< warehouse >
[wéərhàus]【名詞】倉庫

【解説】TOEICではリスニングセクション、特にパート(1)の写真問題や、パート(2)の会話問題で、「倉庫で作業をしている写真や会話」などでよく使われます。覚えておくと仕事でも使える重要な単語です。

【例文】The large warehouse which had been used for storage was sold to a wholesale dealer.
訳：保管に使われてきた大きな倉庫は、卸売り業者に売却されました。

【参考】(2) residence (3) garage

第8問の答え (2) 電話を切らずに待つ

< hold >
[hóuld]【動詞】電話を切らずに待つ

【解説】TOEICのリスニングセクションでは(1)から(4)まで全パートで、電話関連の会話がよく出ます。パート(2)や(3)で出る場合、「～部に転送するからそのまま電話を切らずにお待ちください」というような内容でよく出ます。電話に関する表現、pick up「電話を取る」、hold「電話を切らずに待つ」、hang up「電話を切る」は日常生活でも仕事でも使えて便利です。

【例文】The secretary told me to hold while she connected me with an executive making a call from another company.
訳：秘書は、よその会社からかけてきている重役の電話につなぐ間、待つようにと私に言いました。

【参考】(1) halt (3) load

第 9 問

< lean >

この単語の、もっとも適切な日本語を選びなさい。

(1) 漏れる

(2) 賃貸する

(3) もたれかかる

第 10 問

< hang up >

この熟語の、もっとも適切な日本語を選びなさい。

(1) 持ち上げる

(2) 持続する

(3) 電話を切る

第9問の答え　(3) もたれかかる

< lean >

[líːn]【動詞】もたれかかる、傾く

【解説】TOEICではパート(1)の写真問題でよく出る単語です。「誰かが手すりにもたれかかっている写真」があり、「lean against the railing (手すりにもたれる)」のような英語で表現しています。leanという単語を知らなければ正解できません。正解の選択肢としても、間違いの選択肢としても、使われる単語です。パート(1)以外で出ることはほとんどありません。

【例文】The company president was leaning against the pillar.
訳：会社の社長は柱にもたれかかっていました。

【参考】(1) leak　(2) lease

第10問の答え　(3) 電話を切る

< hang up >

【熟語】電話を切る

【解説】パート(1)の写真問題で、「電話の受話器を持ったまま何かをしている人」の写真が出ることがあります。その際に、「電話」という英語が入っている選択肢を選びがちなのですが、動詞が間違っている場合があります。間違っている動詞として、「hang up」が使われることもあります。「hang up」は「電話を切る」なので、電話で話している人の写真の正答にはなりません。

【例文】The operator told me not to hang up because there was a second call for me from another foreign country.
訳：オペレーターは、私に別の外国からまた電話があったので、私に電話を切らないように言いました。

【参考】(1) hold up　(2) keep up

第11問

< unload >

この単語の、もっとも適切な日本語を選びなさい。

(1) 開く

(2) 引き受ける

(3) 荷物を降ろす

第12問

< pile >

この単語の、もっとも適切な日本語を選びなさい。

(1) (本・書類・仕事などの)山

(2) 錠剤

(3) 柱

第11問の答え （3）荷物を降ろす

< unload >

[ʌnlóud]【動詞】荷物を降ろす

【解説】日常生活でよく使う単語です。TOEICでは、リスニングセクション全般で時々使われます。中でも特にパート(1)の写真問題でよく出ます。反意語が「load」で「荷物を積む」です。loadもパート(1)の写真問題を中心にリスニングセクションで使われます。一緒に覚えておきましょう。
【例文】Workers on the dock unloaded the freight from the boat.
訳：波止場の労働者は船から積荷を降ろしました。
【参考】（1）unfold　（2）undertake

第12問の答え （1）（本・書類・仕事などの）山

< pile >

[páil]【名詞】（本・書類・仕事などの）山、積み重ね

【解説】TOEICではリスニングセクションで時々使われます。「pile of ～（山積みの～）」で出る場合が多いので、この表現を覚えておきましょう。頻出単語ではありませんが、パート(1)の写真問題で出ることがあります。
【類】stack
【例文】After a week's vacation I returned to find a pile of papers on my desk.
訳：1週間の休暇の後で戻ると、私の机の上には書類の山が積み上げられていました。
【参考】（2）pill　（3）pillar

第 13 問

< fountain >

この単語の、もっとも適切な日本語を選びなさい。

(1) 噴水

(2) 資金

(3) 機能

第 14 問

< pedestrian >

この単語の、もっとも適切な日本語を選びなさい。

(1) 配管工

(2) 観客

(3) 歩行者

第13問の答え　　　　　　**(1) 噴水**

< fountain >

[fáuntn]【名詞】噴水、泉

【解説】TOEICのパート(1)の写真問題で、噴水があるとか、噴水のそばに〜がいる、のような英文が時々出ます。fountainという単語を知らなければ正答を選ぶことができません。パート(1)以外ではあまり出ない単語です。
【例文】Rome is a city that has many fountains.
訳：ローマは噴水がたくさんある都市です。
【参考】(2) fund　(3) function

第14問の答え　　　　　　**(3) 歩行者**

< pedestrian >

[pədéstriən]【名詞】歩行者

【解説】TOEICのパート(1)の写真問題で、歩道を誰かが歩いている写真が時々出ます。そのような英文でよく使われる単語がpedestrianです。pedestrianという単語を知らなければ正答を選ぶことができません。パート(1)の写真問題では、「sidewalk(歩道)」という単語と一緒に使われることが多いです。パート(1)以外ではあまり出ない単語です。
【例文】The car stopped for the pedestrian who was crossing the street.
訳：道路を横断していた歩行者のために車が止まりました。
【参考】(1) plumber　(2) audience

第 15 問

< microscope >

この単語の、もっとも適切な日本語を選びなさい。

(1) 双眼鏡

(2) 望遠鏡

(3) 顕微鏡

第 16 問

< sweep >

この単語の、もっとも適切な日本語を選びなさい。

(1) 持続させる

(2) 掃く

(3) 汗をかく

第15問の答え　(3) 顕微鏡

< microscope >

[máikrəskòup]【名詞】顕微鏡

【解説】パート(1)の写真問題で、顕微鏡をのぞいている写真が時々出ます。素直に「microscope」が入っている英文が正答になることもあれば、「microscope」が入っている選択肢は動詞が間違っていて不正解で、microscopeとは関係のない、例えば「女性は手袋をしている」という英文が正解になる場合もあります。一種のトリック問題です。パート(1)以外ではほとんど出ません。

【例文】The microscope enlarges objects ten times its size.
訳：顕微鏡は見る物を10倍の大きさに拡大します。
【参考】(1) binocular　(2) telescope

第16問の答え　(2) 掃く

< sweep >

[swí:p]【動詞】掃く、掃除する

【解説】TOEICのパート(1)の写真問題で、男性あるいは女性がほうきや掃除機を使って床を掃いている写真が時々出ます。この問題が出る場合には、sweepという単語を知っていれば正解できるような素直な英文が出ることが多いです。パート(1)以外ではあまり出ない単語です。覚えておくと、日常生活で使えて便利です。

【例文】She is sweeping the autumn leaves.
訳：彼女は秋の木の葉を掃いています。
【参考】(1) sustain　(3) sweat

第17問

< set aside >

この熟語の、もっとも適切な日本語を選びなさい。

(1) 脇に寄る

(2) 脇に置く

(3) 避ける

第17問の答え　　（2）脇に置く

< set aside >
【熟語】脇に置く、とっておく

【解説】TOEIC のリスニングセクションで、忘れた頃に使われる熟語です。パート(1)の写真問題で使われることもあります。覚えておくと日常生活でも使えて便利です。

【例文】Some workers set aside money each month for an emergency.

訳：一部の従業員は、いざという時のために毎月お金をとっておきます。

【参考】（1）step aside　　（3）avoid

単語コラム

――英単語暗記法―私のやり方――

　意外かもしれませんが、私は英語はあまり好きではありませんでした。今もそうです。英文科の出身ではありませんし、ペーパーバックを持ち歩くということも一切ありません。どちらかというとビジネス系の本のほうが好きで、辞書を引くのも英文を読むのも大嫌いでした。

　そんな私がどうやって単語を覚えたのか、興味のある方もいらっしゃるかもしれませんね。

　私が東京に移り住むようになった頃、今のように中途採用が当たり前の時代ではなく、英語関連でなければ仕事がありませんでした。しかたがないので、英語を勉強すべく通訳の学校に通いました。

　TOEICの勉強法としては時間がかかりすぎてお勧めできませんが、英語の勉強法としては、通訳の勉強方法がベストだと言われていたからです。先生方はみんな現役の通訳で、その中の1人が毎日しているという方法を、私も実行することにしました。

　まず、Japan Timesを定期購読しました。毎日、一面の記

単語コラム

事の中から少し長めの記事を3つくらい選んで、残りは捨てました。一面ですから、政治関連の記事が大半です。

一度目は辞書を引かないで記事を読み、知らない単語は想像しながら読み進めました。

次に、知らない単語に赤線を引き、それらをノートに書き写して、辞書で意味を調べてその意味も書き込みました。

最後に、意味を理解してもう一度読んで終わりです。

当時の私にとっては、知らない単語ばかりです。

3つの記事を選んでは、同じ作業を毎日繰り返します。その作業を1か月も続けると、政治がらみの記事ばかりですから出てくる単語や表現も似ていて、知らない単語の数がドンドン減り、辞書を引く回数も減りました。

単語力が増えるにつれ、英文を読むのもさほど苦にならなくなりました。

この作業をやったことで、単語力とリーディング力がたしかについたと思います。苦手意識も消えました。

現在のTOEICは政治関連ではなくビジネスがらみの英文が扱われることが多いので、同じことをビジネス関連の記事を使ってやれば似たような効果はあると思います。

2章

パート2・3によく出る単語・熟語

【パート2&3】
リスニングセクション、パート2の「応答問題」とパート3の「会話問題」でよく出る単語と熟語を集めました。パート1と違い、ビジネスで使われる単語も多く含まれています。

第 1 問

< deliver >

この単語の、もっとも適切な日本語を選びなさい。

(1) 配達する

(2) 要求する

(3) (荷物を)降ろす

第 2 問

< resign >

この単語の、もっとも適切な日本語を選びなさい。

(1) 保持する

(2) 復活させる

(3) 辞める

第1問の答え　（1）配達する

< deliver >

[dilívər]【動詞】配達する、届ける、見解を述べる

【解説】TOEIC 必須単語です。配送関連の表現はリスニング、リーディング、両セクションを通して頻繁に使われます。パート(5)の語彙問題として出ることもあります。deliver を空欄に入れさせる問題としても、「〜に配送する」という場合の「〜に」にあたる「to」を入れさせる問題としても出題されました。「deliver to」で覚えましょう。
【派】delivery（名）
【例文】After you pay for your product, it will be delivered to your home.
訳：支払いを済ませた後に、製品はあなたの家に配送されるでしょう。
【参考】(2) demand　(3) unload

第2問の答え　（3）辞める

< resign >

[rizáin]【動詞】辞める、放棄する、断念する

【解説】ビジネスでよく使う単語です。リスニング、リーディングセクションともに頻出ですが、特にリスニングセクションでよく出ます。アメリカ人は転職や起業する人が多いので、「会社を辞める」という表現がパート(2)や(3)で頻繁に使われます。パート(2)では同意語の言い換えが多いので、「辞める」を表す「quit」「leave」も一緒に覚えましょう。
【派】resignation（名）
【例文】If the company does not give me a raise, I shall resign.
訳：会社が私の給与を上げなければ、私は会社を辞めるでしょう。
【参考】(1) retain　(2) restore

第 3 問

< allocate >

この単語の、もっとも適切な日本語を選びなさい。

(1) 割り当てる

(2) 捜し出す

(3) 義務づける

第 4 問

< assign >

この単語の、もっとも適切な日本語を選びなさい。

(1) 割り当てる

(2) 署名する

(3) 確約する

第3問の答え　（1）割り当てる

< allocate >

[ǽləkèit]【動詞】割り当てる、配分する、配置する

【解説】時間、資金、人材、物、すべての配分に関して使います。ビジネスで頻繁に使い、またTOEIC必須単語です。リスニング、リーディングセクションともによく出ます。中でもパート(2)や(3)で、「budget(予算)の配分」に関する英文で使われることが多いです。パート(7)の長文読解問題にも使われます。

【派】allocation（名）

【例文】The manager allocated funds to cover a shortage of workers.
訳：マネージャーは労働力不足を補うために資金を割り振りました。

【参考】(2) locate　(3) oblige

第4問の答え　（1）割り当てる

< assign >

[əsáin]【動詞】割り当てる、任命する、配属する

【解説】ビジネスで頻繁に使う単語です。TOEIC頻出単語の「allocate（割り当てる）」と意味はほぼ同じで、TOEICでは「任命する」や「配属する」の意味で出る場合が多いです。リスニングセクションのパート(2)や(3)でよく出る単語です。assignの名詞の「assignment（仕事、任務）」もTOEICにはよく出ます。

【例文】The branch manager was assigned to headquarters.
訳：支店長は本社に配属されました。

【参考】(2) sign　(3) assure

第5問

< inquire >

この単語の、もっとも適切な日本語を選びなさい。

(1) 鼓舞する

(2) 要求する

(3) 問い合わせる

第6問

< evaluate >

この単語の、もっとも適切な日本語を選びなさい。

(1) 評価する

(2) 予測する

(3) 避難する

第5問の答え　(3) 問い合わせる

< inquire >

[inkwáiər]【動詞】問い合わせる、質問をする、尋ねる

【解説】日常的にもビジネスにも頻繁に使う単語です。商品や仕事上の問い合わせをする場合が多いので、TOEICにもよく出ます。特に、パート(2)と(3)、パート(7)の長文読解でよく出ます。名詞の「inquiry（問い合わせ）」もよく出る単語です。両方とも、ビジネス必須単語、かつTOEIC重要単語です。

【類】question, ask

【例文】If you would like to inquire about an item at ABC Corporation, please use the form below.

訳：ABC会社の商品に関するお問い合わせがありましたら、下記のフォームをご利用ください。

【参考】(1) inspire　(2) require

第6問の答え　(1) 評価する

< evaluate >

[ivæljuèit]【動詞】評価する、価値を見極める

【解説】商品や人の評価はビジネスに付き物なのでビジネス必須単語です。TOEICにもリスニング、リーディング、両セクションを通してよく出ます。名詞 evaluation「評価」も時々出ます。evaluation関係では「evaluation form（評価表）」という表現がよく使われます。

【類】assess

【例文】The ability to critically evaluate information is an important skill in this information age.

訳：情報を厳しく評価できる力は今の情報化時代には重要な能力です。

【参考】(2) estimate　(3) evacuate

第 7 問

< defect >

この単語の、もっとも適切な日本語を選びなさい。

(1) 欠陥

(2) 債務

(3) 感染

第 8 問

< locate >

この単語の、もっとも適切な日本語を選びなさい。

(1) 引っ越す

(2) 昇進する

(3) 捜し出す

第7問の答え　（1）欠陥

< defect >

[difékt]【名詞】欠陥、不良、不具合

【解説】ビジネス必須単語です。特にメーカーで頻繁に使われる単語です。TOEICでは出荷や返品などに関する英文が出ることがあり、そのような英文で(2)や(3)で使われます。中でもリスニングセクションのパート(2)や(3)で使われることが多いです。パート(5)や(6)の語彙問題として出題されることもあります。
【派】defective（形）　【類】fault, flaw
【例文】Because there were many mechanical defects in the new model, the automobile company decided to recall all the new cars sold.
訳：新しいモデルには機械部分に多くの欠陥があったので、自動車会社は販売されたすべての新車のリコールを決定しました。
【参考】(2) debt　(3) infection

第8問の答え　（3）捜し出す

< locate >

[lóukeit]【動詞】捜し出す、見つける、置く、位置付ける

【解説】ビジネス会話でよく使う単語です。「～を捜し出す」という意味で、パート(2)で時々使われます。特に秘書とボスの会話で使われることが多いです。locateに「～を捜し出す」という意味があることを知らない人が多いです。TOEICではこの意味でよく使われるので覚えておきましょう。もちろん「置く、位置付ける」という意味のlocateも頻繁に出題されます。
【派】location（名）
【例文】The lawyer's secretary could not locate the contract which he had drawn up the previous week.
訳：弁護士の秘書は彼が前の週に作成した契約書を見つけることができませんでした。
【参考】(1) move　(2) promote

第 9 問

< shipment >

この単語の、もっとも適切な日本語を選びなさい。

(1) 出荷

(2) 航海

(3) 造船

第 10 問

< invoice >

この単語の、もっとも適切な日本語を選びなさい。

(1) 領収書

(2) 見積もり

(3) 請求書

第9問の答え　(1) 出荷

< shipment >

[ʃípmənt]【名詞】出荷、発送、積荷

【解説】ビジネス必須単語で、かつ TOEIC 必須単語です。TOEIC は主にビジネス関連の英文を扱います。「出荷」の話はビジネスに付き物なので、TOEIC 全パートを通して頻繁に出ます。パート(2)の応答文やパート(3)の会話文でよく出ます。パート(7)の長文読解には「顧客に出す手紙や、顧客から届いた手紙」が出ることがあり、その中で使われることが多いです。動詞は「ship(出荷する)」で、名詞に比べ出題頻度は下がりますが出ます。

【例文】The clothing company's shipment from Shanghai to America reached San Francisco in 10 days.

訳：アパレル会社が上海からアメリカに送った積荷は、10日でサンフランシスコに到着しました。

【参考】(2) cruise　(3) shipbuilding

第10問の答え　(3) 請求書

< invoice >

[ínvɔis]【名詞】請求書、送り状

【解説】ビジネス必須単語で、かつ TOEIC 必須単語です。「請求書」はビジネスにはつきものなので、TOEIC 全パートを通して頻繁に出ます。パート(2)の応答文やパート(3)の会話文でよく出ます。リーディングセクションではパート(7)の長文読解の中の手紙文でもよく使われます。invoice には「送り状」という意味もあります。

【例文】An invoice for chemicals delivered to the pharmaceutical company was received.

訳：製薬会社あてに配送された化学品の請求書を受領しました。

【参考】(1) receipt　(2) estimate

第 11 問

< supervise >

この単語の、もっとも適切な日本語を選びなさい。

(1) 驚かす

(2) 監督する

(3) 抑制する

第 12 問

< strategy >

この単語の、もっとも適切な日本語を選びなさい。

(1) 戦略

(2) 統計

(3) 福祉

【2章 パート2・3によく出る単語・熟語】 045

第11問の答え　　(2) 監督する

< supervise >
[súːpərvàiz]【動詞】監督する、管理する

【解説】ビジネスで頻繁に使う単語です。TOEICでもリスニング、リーディング、両セクションに頻繁に使われます。superviseの派生語である「supervisor（監督者、上司）」はsuperviseと同じくらい頻繁にTOEICで使われます。superviseもsupervisorもともにTOEIC頻出単語です。

【例文】The finance ministry must supervise all banks in the country to prevent financial chaos.
訳：財務省は、金融の混乱を防ぐために国中のすべての銀行を監督しなければなりません。

【参考】(1) surprise　(3) restrain

第12問の答え　　(1) 戦略

< strategy >
[strǽtədʒi]【名詞】戦略、計画

【解説】ビジネス必須単語の一つです。すでに日本語として使われています。TOEICでもリスニング、リーディング、両セクションに頻繁に使われます。形容詞の「strategic（戦略的な）」もビジネスでよく使われ、TOEICにもよく出ます。

【派】strategically（副）　【類】tactics

【例文】The marketing strategy was not successful because the company had failed to adequately analyze the potential market.
訳：会社は潜在市場を十分に分析しなかったので、マーケティング戦略は成功しませんでした。

【参考】(2) statistics　(3) welfare

第13問

< bid >

この単語の、もっとも適切な日本語を選びなさい。

(1) 入札する

(2) かみつく

(3) 交渉する

第14問

< transfer >

この単語の、もっとも適切な日本語を選びなさい。

(1) 転任する

(2) 翻訳する

(3) 輸送する

第13問の答え　（1）入札する

< bid >

[bíd]【動詞】入札する、値をつける、命じる

【解説】ビジネスには入札がつきものなので、ビジネスで頻繁に使われる単語の一つです。TOEICの問題に使われる英文はビジネス関連のものが多いので、その関係でbidも時々出ます。リスニングセクションのパート(2)や(3)で使われることの多い単語です。名詞も同じで「bid（入札）」です。

【例文】At the auction, you can only bid for a painting if you have registered with the auction house.
訳：オークションハウスに登録してあれば、オークションで絵画のみ入札することができます。

【参考】（2）bite　（3）negotiate

第14問の答え　（1）転任する

< transfer >

[trænsfə́:r]【動詞】転任する、転任させる、転送する、乗り換える

【解説】ビジネスで頻繁に使う単語です。TOEICでは特にリスニングセクションで頻繁に出る必須単語の一つです。「転勤する、転勤させる」という意味で使われることが多いですが、外部から電話がかかってきてその電話を「転送する」という意味でも使われます。「乗り換える」という意味もありますが、TOEICにはあまり出ません。名詞も同じで「transfer（転任）」です。

【例文】My wife and I do not want to buy a house because we know that the company will transfer me to our foreign office within one year.
訳：会社が私を1年以内に海外オフィスに転勤させる予定だとわかっているので、私も妻も家を買おうと思いません。

【参考】（2）translate　（3）transport

第 15 問

< output >

この単語の、もっとも適切な日本語を選びなさい。

(1) 小売販売店

(2) 生産高

(3) 見通し

第 16 問

< compromise >

この単語の、もっとも適切な日本語を選びなさい。

(1) 譲歩する

(2) 構成する

(3) 応じる

第15問の答え　　（2）生産高

< output >

[áutpùt]【名詞】生産高、出力

【解説】ビジネスで頻繁に使う単語です。ビジネス関連のレポートや経済関連のニュースでもよく使われます。TOEICでもリスニング、リーディング、両セクションを通して頻繁に出ます。特に、リスニングセクションのパート(2)と(3)で使われることが多く、TOEIC重要単語の一つです。
【類】turnout
【例文】The factory output for this month was better than that for last month.
訳：今月の工場の生産高は、先月より良かったです。
【参考】（1）outlet　（3）outlook

第16問の答え　　（1）譲歩する

< compromise >

[kámprəmàiz]【動詞】譲歩する、妥協する、和解する

【解説】ビジネス、特に交渉などでよく使われる単語です。ビジネスでよく使われるということはTOEIC的にも重要な単語ということで、リスニングセクションのパート(2)や(3)で使われることが多いです。
【例文】The two salesmen compromised when dividing their sales territory.
訳：2人の営業マンは、販売地域を分ける時に譲歩しました。
【参考】（2）compose　（3）comply

第 17 問

< approval >

この単語の、もっとも適切な日本語を選びなさい。

(1) 約束

(2) 認可

(3) 評価

第 18 問

< confirm >

この単語の、もっとも適切な日本語を選びなさい。

(1) 確かめる

(2) 貢献する

(3) 直面する

【2章 パート2・3によく出る単語・熟語】 051

第17問の答え　（2）認可

< approval >

[əprúːvl]【名詞】認可、承認、賛成

【解説】日常的にもビジネスにも頻繁に使う単語です。政府の許可が必要、上司の許可が必要、予算を与えてもらうために経理部の許可が必要、などのような英文で出ることが多く、特にパート(2)や(3)でよく出ます。パート(7)の長文読解の中の手紙文や社内メールでも時々使われます。

【派】approve（動）

【例文】Because the budget for this new project is so large, it needs the approval of not only the accounting department but also of the board of directors.

訳：この新しいプロジェクトの予算が大変多いので、経理部だけでなく取締役会の承認が必要です。

【参考】(1) appointment　(3) evaluation

第18問の答え　（1）確かめる

< confirm >

[kənfə́ːrm]【動詞】確かめる、確認する

【解説】日常的に頻繁に使う単語です。TOEICでは特にリスニングセクションのパート(2)の応答文やパート(3)の会話文でよく出ます。最近は出題が減りましたが、「飛行機の予約やホテルの予約などの確認をする電話」などの場面では必ず使われます。名詞は「confirmation（確認）」で、名詞もよく出ます。

【類】certify, verify

【例文】The airline wants passengers to confirm their return flight.

訳：航空会社は乗客が帰りの飛行機を確認するよう希望しています。

【参考】(2) contribute　(3) confront

第 19 問

< resume >

この単語の、もっとも適切な日本語を選びなさい。

(1) 旅行日程表

(2) 申込書

(3) 履歴書

第 20 問

< supervisor >

この単語の、もっとも適切な日本語を選びなさい。

(1) 供給者

(2) 監督者

(3) 領事

第19問の答え　(3) 履歴書

< resume >
[rézumèi]【名詞】履歴書、身上書、要約

【解説】アメリカ人は頻繁に転職をします。その関係かパート(2)や(3)で面接や求人募集に関する英文が出ます。そのような英文で頻繁に出るのが resume。パート(7)の長文読解で求人広告がよく出ますが、求人広告でも resume が頻繁に出ます。日本では resume を、要約とか概要の意味でレジメという日本語で使っている場合が多いので勘違いする人が多いのですが、アメリカ人が resume という場合、履歴書の意味の方が多いです。

【例文】The well-written resume can make a good impression.
訳：よく書かれた履歴書は良い印象を与えることができます。

【参考】(1) itinerary　　(2) application form

第20問の答え　(2) 監督者

< supervisor >
[sú:pərvàizər]【名詞】監督者、管理者、上司

【解説】職場では、工場などの監督者という意味で使われることが多いのですが、TOEIC では「上司」という意味でよく使われます。特にリスニングセクションのパート(2)の応答文や(3)の会話文で頻繁に出ます。TOEIC 的には「上司」と覚えておくと対処しやすいです。動詞は「supervise（監督する、指導する）」です。リスニングセクションでよく出る単語です。

【例文】The factory supervisor had 200 men and women workers under him.
訳：工場の監督者は、男女あわせて 200 名の従業員をかかえていました。

【参考】(1) supplier　　(3) consul

第 21 問

< intervene >

この単語の、もっとも適切な日本語を選びなさい。

(1) 介入する

(2) 気を散らす

(3) 妨害する

第 22 問

< site >

この単語の、もっとも適切な日本語を選びなさい。

(1) 土地

(2) 光景

(3) 兆候

【2章 パート2・3によく出る単語・熟語】 055

第21問の答え　(1) 介入する

< intervene >

[íntərvíːn]【動詞】介入する、介在する、立ち入る、邪魔する

【解説】日常会話でもビジネスでも頻繁に使う単語です。TOEICでも、特にリスニングセクションのパート(3)や(4)で頻繁に出ます。名詞は「intervention（介入、介在）」です。TOEIC必須単語の一つです。

【類】mediate

【例文】The labor council of the city would intervene in the management vs. labor union dispute.

訳：市の労働協議会は労使紛争に介入するでしょう。

【参考】(2) distract　(3) obstruct

第22問の答え　(1) 土地

< site >

[sáit]【名詞】土地、場所、用地

【解説】日常的にも、ビジネスにも頻繁に使う単語です。リスニング、リーディング、両セクションに頻繁に使われます。全パートで出ます。(2)はsightですが、発音が似ているので間違える人がいます。パート(2)では間違えさせようと問題文に出てくる単語と似た音の単語を不正解の選択肢に入れている場合が多いので、発音もチェックしておきましょう。

【類】location

【例文】The new construction site was filled with laborers and heavy equipment.

訳：新しい建設用地は労働者と重機でいっぱいでした。

【参考】(2) sight　(3) sign

第 23 問

< efficient >

この単語の、もっとも適切な日本語を選びなさい。

(1) 効率的な

(2) 優れた

(3) 十分な

第 24 問

< exhibit >

この単語の、もっとも適切な日本語を選びなさい。

(1) 展示する

(2) 疲れさせる

(3) 現れる

第23問の答え　(1) 効率的な

< efficient >

[ifíʃənt]【形容詞】効率的な、有効な

【解説】日常的にも、ビジネスにもよく使う単語です。TOEICでもリスニング、リーディング、両セクションに頻繁に使われます。特にパート(2)や(3)で使われます。また形容詞のefficientと合わせて、パート(5)の語彙問題として時々出題される名詞の「efficiency(効率性)」、副詞の「efficiently(効率的に)」もともにTOEIC必須単語です。

【例文】An efficient way to finish the paperwork that is piling up must be found.
訳：山積している事務処理を終わらせる効率的な方法を見つけなければなりません。

【参考】(2) excellent　(3) sufficient

第24問の答え　(1) 展示する

< exhibit >

[igzíbit]【動詞】展示する、展示される、表に出す

【解説】日常的によく使う単語です。TOEICのリスニングセクションのパート(2)や(3)で、時々博物館や美術館の話が出ます。そのようなストーリーの中で頻繁に使われる単語です。名詞の「exhibition(展覧会、展示物)」はリスニングセクションだけでなく、リーディングセクションのパート(7)の長文読解でも使われることの多い単語です。

【例文】The automobile company exhibited its latest models at the automobile fair.
訳：自動車会社は、自動車フェアで最新のモデルを展示しました。

【参考】(2) exhaust　(3) appear

第 25 問

< specification >

この単語の、もっとも適切な日本語を選びなさい。

(1) 工具

(2) 仕様書

(3) 分類

第 26 問

< overnight >

この単語の、もっとも適切な日本語を選びなさい。

(1) 一夜のうちの

(2) 時間外の

(3) 圧倒的な

第25問の答え　(2) 仕様書

< specification >

[spèsəfikéiʃən]【名詞】仕様書、明細書、規格

【解説】ビジネス、特にメーカーで頻繁に使う単語なので、仕事で使っている方も多いと思います。略して SPEC という単語を使っている方が多いのではないかと思います。TOEIC にもよく出ます。特にリスニングセクションのパート(2)や(3)で使われる単語です。覚えておくと仕事でも使えます。
【派】specific（形）　specify（動）
【例文】Specifications for the new office building were finally drawn up by the architectural firm.
訳：建築会社によってやっと新しいビルの規格書が作成されました。
【参考】(1) tool　(3) classification

第26問の答え　(1) 一夜のうちに

< overnight >

[óuvərnáit]【形容詞】一夜のうちに、夜通しの

【解説】TOEIC では配送や郵送関連の表現がリスニング、リーディングセクションともに出ますが、特にリスニングセクションのパート(2)や(3)でよく使われます。アメリカは郵便事情がよくないため手紙や小包が届くのに時間がかかります。そのためクーリエサービスや速達便の利用が多く、TOEIC でもその話がよく出ます。その際に「一晩で届く」という表現が出てくることが多く、使われやすい単語です。副詞も同じで「overnight」です。
【例文】The delivery company promised overnight delivery, but at a higher cost.
訳：配送会社は費用は少し高いけれど翌日配送を約束しました。
【参考】(2) overtime　(3) overwhelming

第 27 問

< inform >

この単語の、もっとも適切な日本語を選びなさい。

(1) 影響を及ぼす

(2) 相続する

(3) 知らせる

第 28 問

< adjust >

この単語の、もっとも適切な日本語を選びなさい。

(1) 採用する

(2) 認める

(3) 調整する

【2章 パート2・3によく出る単語・熟語】

第27問の答え　　　（3）知らせる

< inform >

[infɔ́:rm]【動詞】知らせる、情報を与える

【解説】パート(2)の応答文や(3)の会話文、パート(7)の長文読解で使われることが多いです。長文読解では「顧客に出す手紙」「社内メール」の出題が多く、「please be informed that ～」「I inform you of ～」などの表現が多いです。新 TOEIC ではこのような表現の出題が増えています。外資系企業で日頃使われている英文が出る、と考えるとあたりがつけやすいと思います。
【派】informative（形）　【類】report, notify
【例文】We regret to inform you that we are unable to grant the loan for which you have applied due to insufficient downpayment on your part.
訳：遺憾ながら、あなた様が出願されたローンは、頭金が不十分なため承認できないことをお知らせ致します。
【参考】（1）influence　　（2）inherit

第28問の答え　　　（3）調整する

< adjust >

[ədʒʌ́st]【動詞】調整する、適応する、適応させる

【解説】日常的にもビジネスでも頻繁に使う単語です。TOEIC では特にリスニングセクションのパート(2)の応答文やパート(3)の会話文で出ることが多いです。
【派】adjustment（名）　【類】adapt
【例文】Because the storm lasted for 2 days, all the airlines had to adjust their flight schedules.
訳：嵐が2日間続いたので、すべての航空会社は飛行スケジュールを調整しなければなりませんでした。
【参考】（1）adopt　　（2）admit

第 29 問

< attorney >

この単語の、もっとも適切な日本語を選びなさい。

(1) 監査人

(2) 弁護士

(3) 受付係

第 30 問

< accountant >

この単語の、もっとも適切な日本語を選びなさい。

(1) 会計士

(2) レジ係

(3) 知人

第29問の答え　(2) 弁護士

< attorney >

[ətə́ːrni]【名詞】弁護士、検事

【解説】弁護士と言う場合、lawyer しか知らない人が多いと思いますが、attorney の方がフォーマルです。TOEIC では特にパート(2)と(3)でよく出ます。問題文と選択肢で、異なる発音の同義語に言い換えている場合が多く、lawyer と attorney の間での言い換えもあります。attorney は発音を知らない人が多いのでチェックしておきましょう。

【例文】He works as an attorney specializing in corporate law.
訳：彼は会社法を専門とする弁護士として働いています。

【参考】(1) auditor　(3) receptionist

第30問の答え　(1) 会計士

< accountant >

[əkáuntənt]【名詞】会計士

【解説】ビジネスで頻繁に使われる単語です。リスニングセクションではパート(3)や(4)で、リーディングセクションではパート(7)の長文読解で、顧客に送る手紙や企業の経理部に関する話などでよく使われます。「auditor（監査人）」と似ていますが、accountant と auditor では仕事の内容が異なります。「accounting department（経理部）」という表現もよく出ます。

【派】accounting（名）　account（動）

【例文】After he received his CPA license, the accountant gained employment at one of the largest accounting companies in the United States.
訳：公認会計士の資格を取った後で、会計士は米国で最も大きい会計事務所の一つに就職しました。

【参考】(2) cashier　(3) acquaintance

第 31 問

< payroll >

この単語の、もっとも適切な日本語を選びなさい。

(1) 会計士

(2) 脱税

(3) 給料支払簿

第 32 問

< assignment >

この単語の、もっとも適切な日本語を選びなさい。

(1) 査定

(2) お世辞

(3) 仕事

【2章 パート2・3によく出る単語・熟語】

第31問の答え　　（3）給料支払簿

< payroll >
[péiròul]【名詞】給料支払簿、従業員数

【解説】TOEIC では、リスニングセクションで、「payroll department」という表現で時々使われます。日本人にはなじみの薄い単語ですが、企業内でよく使われる単語です。頭についた pay で意味はある程度想像できるかと思います。
【例文】The company was barely able to meet the monthly payroll.
訳：会社は月給をかろうじて支払うことができました。
【参考】（1）accountant　（2）tax evasion

第32問の答え　　（3）仕事

< assignment >
[əsáinmənt]【名詞】仕事、任務、割り当て、宿題

【解説】ビジネスで頻繁に使う単語です。TOEIC でもリスニング、リーディング両セクションによく使われます。覚えておくと仕事でも使えます。動詞の「assign（割り当てる、配属する）」もビジネス必須単語で TOEIC 重要単語でもあります。一緒に覚えておきましょう。
【例文】His next assignment will be the Boston office.
訳：彼の次の任務はボストンオフィスでしょう。
【参考】（1）assessment　（2）compliment

第 33 問

< clerical >

この単語の、もっとも適切な日本語を選びなさい。

(1) 分類した

(2) 事務の

(3) 明白な

第 34 問

< courier >

この単語の、もっとも適切な日本語を選びなさい。

(1) 小包

(2) 配送

(3) 国際宅配便

第33問の答え　（2）事務の

< clerical >
[klérikl]【形容詞】事務の、事務員の

【解説】ビジネス必須単語です。リスニングセクションでもリーディングセクションでも、求人広告が頻繁に出ます。その際の「事務員募集」などの表現で必ず使われる単語です。簡単な単語ですが重要な単語です。名詞の「clerk（事務員）」もTOEICにはよく出ます。一緒に覚えましょう。

【例文】The young man hated routine clerical work.
訳：若い男性は決まりきった事務作業を嫌いました。

【参考】(1) classified　(3) apparent

第34問の答え　（3）国際宅配便

< courier >
[kúriər]【名詞】国際宅配便、クーリエ便

【解説】アメリカでは普通郵便を使うと思いのほか時間がかかります。そのせいか、フェデラルエクスプレスやUPSなどのクーリエ便が発達し、ビジネスでも頻繁に利用されています。リスニングセクション、リーディングセクション、ともによく使われる単語です。特にリスニングセクションのパート(2)や(3)では頻繁に配送関連の英文が出ます。意外に知らない人の多い単語ですが、TOEICでは重要な単語です。

【例文】A courier was used to deliver the secret contract.
訳：秘密の契約書を送るためにクーリエ便が使われました。

【参考】(1) package　(2) delivery

第 35 問

< district >

この単語の、もっとも適切な日本語を選びなさい。

(1) 不信

(2) 地域

(3) 不満

第 36 問

< distribution >

この単語の、もっとも適切な日本語を選びなさい。

(1) 寄付

(2) 配布

(3) 処分

第35問の答え　(2) 地域

< district >
[dístrikt]【名詞】地域、区域

【解説】販売地域、担当地域、など「district」はビジネスでよく使います。TOEICではリスニングセクションのパート(3)の会話文や(4)の説明文、リーディングセクションのパート(7)の長文読解などで時々出る単語です。

【類】region

【例文】The furniture company divided the state into 10 districts and planned to build one branch store in each district.
訳：家具会社は州を10の地域に分け、各地域に一つの支店を作る計画をたてました。

【参考】(1) distrust　(3) dissatisfaction

第36問の答え　(2) 配布

< distribution >
[dìstribjú:ʃən]【名詞】配布、分配、流通

【解説】ビジネス必須単語です。TOEICでは「配布」という意味で出る場合が多いです。パート(2)や(3)で「会議資料を配布する」という英文が出ることが多く、そのような英文で使われる単語です。分配という意味で出ることもあります。マーケティングでは「流通」という意味で使われ、流通網のことを「distribution channels」と言います。

【派】distribute (動)

【例文】A meeting was called to improve the company's distribution system which had not been changed for 5 years.
訳：5年間そのままの会社の流通システムを改善するために会議が召集されました。

【参考】(1) contribution　(3) disposal

第 37 問

< out of stock >

この熟語の、もっとも適切な日本語を選びなさい。

(1) 在庫切れで

(2) 備蓄品

(3) 株式分割

第 38 問

< inventory >

この単語の、もっとも適切な日本語を選びなさい。

(1) 発明

(2) 在庫

(3) 革新

第37問の答え　　（1）在庫切れで

< out of stock >
【熟語】在庫切れで

【解説】在庫の管理はメーカーにとって重要です。リスニングセクションの(2)や(3)では、在庫が十分にあるとかないとか、在庫に関する話が時々出ます。stock や inventory のような「在庫」という単語も重要ですが、「out of stock」という表現もよく出るので重要です。stock に在庫という意味があることを知っていれば、out of stock の意味は想像できるかと思います。

【例文】The perfume of the famous designer sold very well and the department store found that it was quickly out of stock.
訳：有名なデザイナーの香水が大変よく売れ、デパートはそれがすぐに在庫切れになったことに気がつきました。

【参考】(2) stockpile　　(3) stock split

第38問の答え　　（2）在庫

< inventory >
[ínvəntɔ̀:ri]【名詞】在庫、在庫目録

【解説】在庫の管理はメーカーにとって重要です。TOEIC のリスニングセクションの(2)や(3)では、在庫が十分にあるとかないとか、在庫に関する話が時々出ます。中でも、パート(2)では問題文と答えの間で発音の異なる同義語に言い換える場合が大半なので、同じ「在庫」という意味で頻繁に使われる、inventory と stock の両方を覚えておく必要があります。

【例文】The factory takes an inventory of necessary parts once a quarter.
訳：工場は四半期に一度、必要な部品の在庫を調べます。

【参考】(1) invention　　(3) innovation

第 39 問

< refund >

この単語の、もっとも適切な日本語を選びなさい。

(1) 費用がかかる

(2) 払い戻す

(3) 精製する

第 40 問

< supply >

この単語の、もっとも適切な日本語を選びなさい。

(1) 応募する

(2) 供給する

(3) 支える

第39問の答え　(2) 払い戻す

< refund >

[rifʌ́nd]【動詞】払い戻す、返金する

【解説】ビジネスで頻繁に使う単語です。TOEICでもリスニング、リーディング、ともによく使われます。TOEICでは「旅行の際に頭金を支払って後にキャンセルをして、頭金を払い戻してもらう、買ったものをさまざまな事情で返して返金してもらう」などのストーリーで使われる場合が多いです。名詞もrefundです。TOEICでは名詞のrefundもよく出ます。

【類】repay, return, reimburse

【例文】The soccer game was cancelled due to bad weather so the stadium refunded the spectators their ticket money.

訳：サッカーの試合が悪天候のためキャンセルされたので、スタジアムは観客にチケット代を払い戻しました。

【参考】(1) cost　(3) refine

第40問の答え　(2) 供給する

< supply >

[səplái]【動詞】供給する、提供する

【解説】ビジネス必須単語です。TOEICにもリスニングセクション、リーディングセクション、両セクションを通して頻繁に出る重要な単語です。名詞も「supply（供給、備品）」でやはりTOEICには頻繁に出ます。「供給業者」という意味のsupplierも頻出単語です。一緒に覚えましょう。

【類】provide

【例文】After we receive your order, we will supply you with information about delivery date and payment procedures.

訳：ご注文をいただいた後で、配送日や支払い手続きについてお知らせします。

【参考】(1) apply　(3) support

第 41 問

< purchase >

この単語の、もっとも適切な日本語を選びなさい。

(1) 購入する

(2) 知覚する

(3) 費やす

第 42 問

< headquarters >

この単語の、もっとも適切な日本語を選びなさい。

(1) 本社

(2) 四半期

(3) 社長

第41問の答え　(1) 購入する

< purchase >
[pə́ːrtʃəs]【動詞】購入する

【解説】日常的に頻繁に使う単語です。両セクションに頻繁に出ます。TOEICではbuyではなくpurchaseが使われることが多いです。よりフォーマルな単語、大手企業に勤務するアメリカ人が仕事で使う単語が使われると考えるとわかりやすいです。名詞も「purchase(購入品)」でリスニングで時々出ます。

【類】buy, acquire

【例文】The office must purchase a large amount of paper and decided to do it through a wholesaler.
訳：事務所は大量の用紙を購入しなければならず、卸売り業者から買うことに決めました。

【参考】(2) perceive　(3) spend

第42問の答え　(1) 本社

< headquarters >
[hédkwɔ̀ːrtərz]【名詞】本社、本部

【解説】「headquarters(本社)」、「subsidiary(子会社)」、「affiliated company(関連会社)」、「branch office(支社)」はTOEIC必須単語です。TOEICには職場での会話やビジネス関連の英文が多く出題されます。headquartersは特にパート(2)や(3)でよく出ます。アメリカ英語ではheadquartersと複数形で使いますが、イギリス英語ではheadquarterと単数形で使います。

【例文】When the company grew twice as large as it had been, the board of directors decided to move the company headquarters to New York.
訳：会社が2倍に成長したときに、取締役会は本社をニューヨークに移すことに決めました。

【参考】(2) quarter　(3) president

第 43 問

< branch office >

この単語の、もっとも適切な日本語を選びなさい。

(1) 子会社

(2) 支社

(3) 研究所

第 44 問

< premium >

この単語の、もっとも適切な日本語を選びなさい。

(1) 保険料

(2) 演奏

(3) 好み

第43問の答え　　　（2）支社

< branch office >
【名詞】支社、支店

【解説】「headquarters(本社)」、「subsidiary(子会社)」、「affiliated company(関連会社)」、「branch office(支社)」はTOEIC必須単語です。TOEICのリスニングセクションではよく「支店に転勤になるとか、本社に転勤になる」のような転勤がらみの話が出ます。branch office は headquarters と同様に、そのような場面で出ることが多い単語です。

【例文】Unbelievably, the successful food chain opens 5 new branches every day somewhere in the world.
訳：信じられないことに、成功したフードチェーンは、毎日世界のどこかで、5つの新しい支店を開いています。
【参考】（1）subsidiary　　（3）laboratory

第44問の答え　　　（1）保険料

< premium >
[príːmiəm]**【名詞】**保険料、賞与、報奨金、割増金

【解説】この英文では「報奨金」という意味で使われていますが、TOEICでは「保険料」の意味で使われることが多いです。「報奨金」と「保険料」の両方の意味を覚えましょう。

【例文】A premium was paid for the extraordinarily good work.
訳：非常に素晴らしい仕事に対して報奨金が支払われました。
【参考】（2）performance　　（3）preference

078

第 45 問

< distribute >

この単語の、もっとも適切な日本語を選びなさい。

(1) 配送する

(2) 貢献する

(3) 気をそらす

第 46 問

< access >

この単語の、もっとも適切な日本語を選びなさい。

(1) 余分

(2) 接近

(3) 成功

第45問の答え　(1) 配送する

< distribute >

[distríbju:t]【動詞】配送する、配達する、配布する

【解説】ビジネス必須単語です。TOEIC では「(会議等で書類等を)配る」「(荷物を)配送する」などの話で頻繁に使われます。パート(5)の語彙問題では distribute を入れさせる問題も、distribute to の to を入れさせる問題も出ました。「distribute to」で覚えましょう。名詞「distribution (配送、配布、流通)」も TOEIC にはよく出る単語です。distribution channels は「流通網」で、マーケティング必須単語です。

【例文】The company will distribute pamphlets to residents living in the gated community.
訳：会社は居住区域に住む住人にパンフレットを配るつもりです。
【参考】(2) contribute　(3) distract

第46問の答え　(2) 接近

< access >

[ǽkses]【名詞】接近、(場所への)接近方法、入手(利用)の権利、アクセス

【解説】日常的にもビジネスにも頻繁に使う単語です。TOEIC でもリスニング、リーディング、両セクションに頻繁に使われます。パート(5)の空欄補充問題で、access を入れる問題として出題されたことも、to を入れる問題として出題されたこともあります。パート(2)では「特定の場所への行き方を聞く」会話でよく使われます。動詞も同じで「access」です。
【派】accessible (形)
【例文】Security measures were taken to limit access to confidential information.
訳：機密情報へのアクセスを制限するために安全対策が取られました。
【参考】(1) excess　(3) success

第 47 問

< inquiry >

この単語の、もっとも適切な日本語を選びなさい。

(1) 負傷

(2) 調査

(3) 問い合わせ

第 48 問

< dismiss >

この単語の、もっとも適切な日本語を選びなさい。

(1) 否定する

(2) 解雇する

(3) 辞職する

【2章 パート2・3によく出る単語・熟語】 081

第47問の答え　（3）問い合わせ

< inquiry >

[ínkwəri]【名詞】問い合わせ、質問、調査

【解説】ビジネス必須単語です。顧客からの問い合わせに関する英文は、全パートを通してよく出ます。リスニングセクションで使われる場合、単語は知っていても音で聞くとわからない方が少なからずいます。パート(5)の問題文に、イギリスでよく使われる類語のqueryも出ました。inquiryはアメリカで、queryはイギリスでよく使われる単語です。新TOEICは、イギリス英語にも注意する必要がありそうです。動詞は「inquire」です。

【例文】There was a police inquiry into the possibility of corporate bribery.

訳：企業の贈収賄の可能性に対する警察の調査が行なわれました。

【参考】（1）injury　（2）investigation

第48問の答え　（2）解雇する

< dismiss >

[dismís]【動詞】解雇する、解任する、解散させる、退ける

【解説】アメリカは景気状況に応じて頻繁に解雇やレイオフを行なうため、ビジネスの現場で頻繁に使われる単語です。「fire（解雇する）」に比べるとよりフォーマルな言い方です。TOEICはフォーマルな言い方を好むので、fireでなくdismissが使われることが多いです。リスニング、リーディング、両セクションに時々使われる単語です。名詞は「dismissal」です。

【類】fire, discharge

【例文】The board of directors dismissed the president because of his disappointing performance.

訳：社長の手腕が期待はずれだったので、取締役会は社長を解任しました。

【参考】（1）deny　（3）resign

第 49 問

< represent >

この単語の、もっとも適切な日本語を選びなさい。

(1) 代表する

(2) 出席する

(3) 申し出る

第 50 問

< out of order >

この熟語の、もっとも適切な日本語を選びなさい。

(1) 故障して

(2) 在庫切れ

(3) 休止中で

第 49 問の答え　　(1) 代表する

< represent >

[rèprizént]【動詞】代表する、代理人になる、意味する

【解説】パート(2)や(3)を中心によく出ます。「represent the company」という表現で使われることが多いです。名詞「representative (代表者、代行者)」も必須単語で、パート(5)の語彙問題として出題されたこともあります。「sales representative (販売員)」はビジネスでもよく使いますし、「〜に相当する、〜である」という意味でパート(5)の語彙問題で出題されたこともあります。この意味の represent は知らない人が大半ではないでしょうか。

【例文】The vice-president represented his company at the business meeting with the French company.
訳：副社長はフランスの会社との商談で会社を代表して出席しました。

【参考】(2) attend　(3) offer

第 50 問の答え　　(1) 故障して

< out of order >

【熟語】故障して、調子が悪い

【解説】日常生活で頻繁に使う表現です。機械などが故障するとよく「out of order」と書いた紙が貼られています。TOEIC でも「コピー機やプリンターが故障した」という話が、パート(2)の応答問題や、パート(3)の会話問題によく出ます。会話でよく使う表現なので覚えておくと便利です。

【例文】The office workers on the top floor of the tall building were shocked to find out that all the elevators were out of order and not operating.
訳：高いビルの最上階にいる従業員は、すべてのエレベーターが故障して動いていないことを知ってショックを受けました。

【参考】(2) out of stock　(3) out of service

第51問

< electrician >

この単語の、もっとも適切な日本語を選びなさい。

(1) 電気技師

(2) 選挙

(3) 修理工

第52問

< consumer >

この単語の、もっとも適切な日本語を選びなさい。

(1) 消費者

(2) 生産者

(3) 顧客

第51問の答え　(1) 電気技師

< electrician >

[ilèktríʃən]【名詞】電気技師、電気工

【解説】職業を表す単語で、頻繁に使われる単語がいくつかあります。electrician もその一つです。他には、「mechanic（修理工）」、「attorney/lawyer（弁護士）」、「accountant（会計士）」、「plumber（配管工）」などがあります。特にパート(2)や(3)で出ることが多いです。いずれも日常生活で頻繁に使われる単語です。

【例文】The electric wires for the office were buried in the floor instead of the ceiling by the experienced electrician.

訳：事務所の電気の配線は、経験のある電気技師によって、天井ではなく、床に埋められました。

【参考】(2) election　(3) mechanic

第52問の答え　(1) 消費者

< consumer >

[kənsú:mər]【名詞】消費者

【解説】日常的にもビジネスにもよく使う単語です。ビジネス関連で使う場合、spend や spending などの単語と一緒に使われることが多いです。TOEIC は英文がビジネス関連にシフトしているため TOEIC 的にも重要な単語です。「consumption（消費）」も名詞で、人を表す場合には「consumer（消費者）」を使います。consumption も consumer も TOEIC によく出ます。

【例文】Spending by consumers is down this year due to the new sales tax.

訳：新しい売上税のために、今年は消費者による支出が減少しています。

【参考】(2) producer　(3) customer

第53問

< consumption >

この単語の、もっとも適切な日本語を選びなさい。

(1) 消費

(2) 考察

(3) 仮定

第54問

< agenda >

この単語の、もっとも適切な日本語を選びなさい。

(1) 提案

(2) 修正

(3) 議題

第 53 問の答え　　（1）消費

< consumption >
[kənsʌ́mpʃən]【名詞】消費、消費量

【解説】ビジネス関連のレポートや経済ニュースなどで頻繁に使う単語です。日常生活でもよく使います。TOEIC 的にも重要な単語です。動詞の「consume（消費する）」、人を表す場合の「consumer（消費者）」もよく出るので、consumption と関連付けて覚えておきましょう。

【例文】Consumption of alcohol has decreased because of the new tax on alcohol.
訳：アルコール飲料に関する新税のためにアルコール消費量は減少しています。

【参考】（2）consideration　（3）assumption

第 54 問の答え　　（3）議題

< agenda >
[ədʒéndə]【名詞】議題、協議事項、議事

【解説】職場で頻繁に使う単語で、すでに「アジェンダ」と日本語になって使われています。TOEIC ではリスニングセクションでよく出ます。リスニングセクションのパート(2)の応答文、パート(3)の会話文、パート(4)の説明文でよく使われる単語です。

【例文】There were only three problems on the agenda for the meeting.
訳：会議の議題には三つの問題しかありませんでした。

【参考】（1）proposal　（2）amendment

第 55 問

< luggage >

この単語の、もっとも適切な日本語を選びなさい。

(1) ごみ

(2) 休憩室

(3) 手荷物

第 56 問

< reimburse >

この単語の、もっとも適切な日本語を選びなさい。

(1) (費用などを)払い戻す

(2) 返答する

(3) 報いる

【2章 パート2・3によく出る単語・熟語】

第55問の答え　(3) 手荷物

< luggage >

[lʌ́gidʒ]【名詞】手荷物、旅行カバン

【解説】日常的に頻繁に使う単語です。主にアメリカではbaggage を、イギリスでは luggage を使います。TOEIC には両方とも出ますが、luggage のほうがよく出ます。パート(2)と(3)で頻繁に使われます。航空会社のミスで手荷物が他の場所へ運ばれたり、搭乗口での重量制限の話などでよく出ます。
【類】baggage
【例文】Luggage at the airport is delivered from the plane to the carousel within 30 minutes.
訳：空港での荷物は30分以内に飛行機から回転式コンベヤーに運ばれます。
【参考】(1) garbage　(2) lounge

第56問の答え　(1) 払い戻す

< reimburse >

[rì:imbə́:rs]【動詞】(費用などを)払い戻す、返済する

【解説】ビジネスでよく使う単語です。TOEIC では特にリスニングセクションのパート(2)や(3)でよく出ます。「個人が仕事上の交通費や宿泊費を立て替え、後に会社に請求する」というストーリーで使われる場合が多いです。「refund」との違いを明確にしておいてください。日本語に訳すと両方とも「払い戻す」ですが、英文の中で使う場合、意味が少し異なります。英文の中で使われ方を覚えるようにしましょう。
【派】reimbursement (名)　【類】refund, repay
【例文】After I pay my brother's phone bill, he will reimburse me.
訳：兄の電話代を私が支払った後に、兄は私に返済するでしょう。
【参考】(2) reply　(3) reward

第 57 問

< bill >

この単語の、もっとも適切な日本語を選びなさい。

(1) 建物

(2) 勘定書

(3) 残高

第 58 問

< deal >

この単語の、もっとも適切な日本語を選びなさい。

(1) 入札

(2) 取引

(3) 値引き

第57問の答え　　（2）勘定書

< bill >
[bíl]【名詞】勘定書、請求書、明細書

【解説】日常生活で頻繁に使う単語です。レストランで食事後に「勘定書」をもらいますが、その勘定書を bill と言います。TOEIC でもリスニングセクションのパート(2)や(3)で頻繁に使われます。勘違いしている人が多いので、「fare（運賃）」や、「fee（料金、謝礼）」との違いを明確にしておきましょう。
【類】invoice, statement
【例文】The bill for the materials will be sent to you by our accounting department.
訳：資料の請求書は経理部によってあなたに送られるでしょう。
【参考】(1) building　(3) balance

第58問の答え　　（2）取引

< deal >
[dí:l]【名詞】取引、取り決め、契約、待遇

【解説】ビジネス必須単語で、取引などで頻繁に使う単語です。TOEIC でも両セクションに時々出題されます。deal にはさまざまな意味があり、それぞれ頻繁に使われます。それぞれの意味での使い方を覚えておきましょう。動詞も同じ形で「扱う、取引をする」という意味です。TOEIC にも時々出ます。
【派】dealer（名）
【例文】A deal was made between our company and my friend's company to divide our sales territory.
訳：販売エリアを分けるために、友人の会社と私の会社との間で取引がされました。
【参考】(1) bid　(3) discount

第 59 問

< commit >

この単語の、もっとも適切な日本語を選びなさい。

(1) 消費する

(2) 約束する

(3) 償う

第 60 問

< executive >

この単語の、もっとも適切な日本語を選びなさい。

(1) 経営幹部

(2) 運動

(3) 優秀

第59問の答え (2) 約束する

< commit >

[kəmít]【動詞】約束する、全力を傾ける、委任する、犯す

【解説】パート(2)や(3)を中心に時々出ます。ビジネスでも頻繁に使われる単語です。TOEICでは「約束をする」「委任する」という意味でよく出ます。commit に関連して、「be committed to ～(～の約束をする)」という表現が、リーディングセクションのパート(5)で出ることがあります。この to は前置詞なので、後ろに動詞を置きたい場合は動名詞を使います。

【派】commitment(名)

【例文】The contract commits the company to deliver the goods within two weeks after production.
訳:契約によって、会社は生産後2週間以内に製品を送付すると約束をしています。

【参考】(1) consume (3) compensate

第60問の答え (1) 経営幹部

< executive >

[igzékjətiv]【名詞】経営幹部、重役、会社役員

【解説】ビジネスでよく使う単語です。TOEICでもリスニングセクション、リーディングセクションともに頻繁に出ます。形容詞も executive で同じ形です。専務のことを「executive director」と言いますが、この場合の executive は形容詞の「executive(執行権のある)」が使われています。

【派】execute(動)

【例文】Because he has an MBA, his first job will be as a junior executive in the company.
訳:彼はMBAの保有者なので、彼の会社での最初の職務は会社の幹部補佐としてでしょう。

【参考】(2) exercise (3) excellence

第 61 問

< fee >

この単語の、もっとも適切な日本語を選びなさい。

(1) 運賃

(2) 料金

(3) 賃貸料

第 62 問

< revise >

この単語の、もっとも適切な日本語を選びなさい。

(1) 修正する

(2) 居住する

(3) 解決する

第61問の答え　(2) 料金

< fee >

[fíː]【名詞】料金、謝礼、報酬

【解説】日常的にもビジネスにも頻繁に使う単語です。TOEICではリスニングセクションのパート(2)や(3)でよく出ます。「fare (運賃)」や、「bill (勘定書、請求書、明細書)」などの単語と混同している人が多いので、それぞれの意味の違いを明確にしておきましょう。弁護士や医者など専門知識を提供してくれる人に支払う報酬には「fee」を使います。
【類】charge
【例文】The lawyer's fee is fixed at $1,000 per hour.
訳：弁護士料は1時間1000ドルと決められています。
【参考】(1) fare　(3) rent

第62問の答え　(1) 修正する

< revise >

[riváiz]【動詞】修正する、訂正する、改正する

【解説】ビジネスでよく使う単語です。名詞は「revision (修正、改正、改定)」で動詞、名詞ともにTOEICにはよく出ます。特にリスニングセクションの(2)、(3)、(4) で「レポートや原稿の修正に関する内容」で使われることが多いです。リーディングセクションのパート(7)の長文読解で使われることも多いです。
【類】modify
【例文】The criteria for choosing new job recruits will be revised in keeping with changing characteristics of the company.
訳：新入社員を選ぶ基準は、会社の変わりつつある特性にあわせて修正されるでしょう。
【参考】(2) reside　(3) resolve

第 63 問

< fare >

この単語の、もっとも適切な日本語を選びなさい。

(1) 公正

(2) 運賃

(3) 見本市

第 64 問

< component >

この単語の、もっとも適切な日本語を選びなさい。

(1) 機器

(2) 部品

(3) 汚染

第63問の答え　（2）運賃

< fare >

[féər]【名詞】運賃、料金

【解説】日常生活で頻繁に使う単語です。パート(2)や(3)でよく出る単語です。「fee」と間違える人が多いので、違いを明確にしておきましょう。fee は入場料や手数料などを意味する場合に使います。「公正な」は「fair」です。発音すると同じですが意味が違います。パート(2)では発音が同じで意味の異なる単語を選択肢に入れてひっかけようとします。
【類】charge, cost
【例文】The air fare for business class is twice that for economy class.
訳：ビジネスクラスの航空運賃はエコノミークラスの2倍です。
【参考】(1) fairness　(3) fair

第64問の答え　（2）部品

< component >

[kəmpóunənt]【名詞】部品、構成要素、成分

【解説】ビジネス、特にメーカーで頻繁に使われる単語です。TOEICでもリスニング、リーディング、両セクションに時々使われます。中でもリスニングセクションのパート(3)や(4)で出ることが多いです。覚えておけば仕事でも使えます。
【例文】The components of the machine were very complicated.
訳：機械の部品は大変複雑でした。
【参考】(1) equipment　(3) contamination

第65問

< review >

この単語の、もっとも適切な日本語を選びなさい。

(1) 反映する

(2) 思い出させる

(3) 見直す

第66問

< permit >

この単語の、もっとも適切な日本語を選びなさい。

(1) 提出する

(2) 許す

(3) 説得する

第65問の答え　　　(3) 見直す

< review >

[rivjúː]【動詞】見直す、調べる、再調査する

【解説】ビジネスで頻繁に使う単語です。TOEICでは「レポートや書類などを見直す」という意味で頻繁に使われます。TOEIC必須単語です。リスニング、リーディングセクションともに頻繁に使われますが、中でも、パート(2)、(3)、(4)で出ることの多い単語です。名詞も同じ「review(修正、再調査)」です。
【類】go over
【例文】The planning department decided to review the project when it found that it would cost more than budgeted.
訳：企画部はプロジェクトが予算以上に費用がかかるとわかった時に、そのプロジェクトを見直すことに決めました。
【参考】(1) reflect　(2) remind

第66問の答え　　　(2) 許す

< permit >

[pərmít]【動詞】許す

【解説】ビジネスでは「政府が企業に何かを許可する」とか「建物への入場を許可するのにID(身分証明書)が必要」などさまざまな場面で使います。TOEICにもよく出る単語です。リスニングセクションのパート(2)、(3)、(4)、リーディングセクションのパート(7)などでよく使われます。
【派】permission (名)　【類】authorize
【例文】The Ministry of Health permitted pharmaceutical companies to produce the new cancer drug.
訳：厚生労働省は製薬会社に新しい癌の薬を生産することを許可しました。
【参考】(1) submit　(3) persuade

第 67 問

この単語の、もっとも適切な日本語を選びなさい。

(1) 請求書

(2) 宴会

(3) 予算

第 68 問

< overlook >

この単語の、もっとも適切な日本語を選びなさい。

(1) 克服する

(2) 概観する

(3) 見逃す

【2章 パート2・3によく出る単語・熟語】 101

第67問の答え　　　　（3）予算

[bʌ́dʒət]【名詞】予算、予算案

【解説】TOEICにはビジネス関連の英文や単語が使われることが多いです。budgetはビジネス必須単語で、かつTOEIC必須単語です。リスニング、リーディング、全パートで使われますが、特にパート(2)の応答文や、パート(3)の会話文で出ることが多いです。パート(7)の長文読解にも頻繁に出ます。半分日本語になっているので知っている人が多いと思います。

【例文】The school budget was very tight so the school decided to increase the tuition.
訳：学校の予算が逼迫していたので、学校は授業料を値上げすることにしました。

【参考】(1) bill　　(2) banquet

第68問の答え　　　　（3）見逃す

< overlook >

[òuvərlúk]【動詞】見逃す、見渡す、監督する、監視する

【解説】TOEICのリスニングセクションで時々使われる単語です。TOEICでは「見逃す」という意味で出ることもありますが、「監督する」という意味で出ることの方が多いです。両方の意味と使い方を覚えましょう。

【例文】The section chief decided to overlook the mistake made by the employee because he was still new to the job.
訳：その社員はまだその仕事について間がなかったため、課長は彼が犯したミスを大目に見ることにしました。

【参考】(1) overcome　　(2) overview

第 69 問

< admit >

この単語の、もっとも適切な日本語を選びなさい。

(1) 賞賛する

(2) 認める

(3) 約束する

第 70 問

< outstanding >

この単語の、もっとも適切な日本語を選びなさい。

(1) 徹底的な

(2) 際立った

(3) 繁栄した

第69問の答え　　（2）認める

< admit >
[ədmít]【動詞】認める、承認する、許す

【解説】日常的にもビジネスにも頻繁に使う単語です。TOEICでは特にリスニングセクションの(2)、(3)、(4)でよく出ます。名詞の「admission（承認、入学）」も時々出るので一緒に覚えましょう。

【例文】Because he did not admit his serious mistake, he was fired.
訳：彼の重大なミスを認めなかったので、彼は解雇されました。

【参考】(1) admire　　(3) promise

第70問の答え　　（2）際立った

< outstanding >
[àutstǽndiŋ]【形容詞】際立った、すぐれた、見事な

【解説】TOEICのリスニング、リーディング両セクションに頻繁に使われる単語ですが、中でも特にパート(4)の説明文、パート(5)の語彙問題、パート(7)の長文読解で出ることが多いです。ビジネスでもよく使う単語です。

【類】remarkable, noticeable

【例文】He was voted as the outstanding salesman of the month.
訳：彼は、投票で月間優秀セールスマンに選ばれました。

【参考】(1) thorough　　(3) prosperous

第 71 問

< retailer >

この単語の、もっとも適切な日本語を選びなさい。

(1) 小売業者

(2) 卸売り業者

(3) 流通

第 72 問

< apply for the position >

この熟語の、もっとも適切な日本語を選びなさい。

(1) ～の職を募集する

(2) ～の職を補充する

(3) ～の職に応募する

第71問の答え　（1）小売業者

< retailer >
[rí:tèilər]【名詞】小売業者、小売店

【解説】ビジネス必須単語で、ビジネス、特にマーケティング関連で頻繁に使われる単語です。最近は日本語としても使われています。ビジネス必須単語ですからTOEIC必須単語でもあり、リスニング、リーディング、両セクションに頻繁に使われます。特にパート(4)の説明文やパート(7)の長文読解でよく使われます。「wholesaler(卸売り業者)」も一緒に覚えましょう。「retail」は「小売り」(名)、「小売りで」(副)、「小売りする」(動)。
【例文】The wholesaler gave a good price to the retailer who sent in a large order.
訳：大口で注文する小売業者に問屋は安く販売しました。
【参考】(2) wholesaler　(3) distribution

第72問の答え　（3）～の職に応募する

< apply for the position >
【熟語】～の職に応募する

【解説】アメリカ人は頻繁に転職します。TOEICでもリスニング、リーディング両セクションを通してこの表現は頻繁に出ます。特に、パート(2)では面接(job interview)の場面で、パート(7)の長文読解問題では求人広告で、頻繁に出てくる熟語です。「apply for the position」はTOEIC最重要表現の一つです。
【例文】Employees who have been with the company for at least 5 years are invited to apply for the position of section chief.
訳：少なくとも5年以上会社で働いてきた従業員は、課長の職に応募することができます。
【参考】(1) advertise for the position　(2) fill the position

第73問

< reimbursement >

この単語の、もっとも適切な日本語を選びなさい。

(1) 払い戻し

(2) 収入

(3) 報奨金

第74問

< estate >

この単語の、もっとも適切な日本語を選びなさい。

(1) 財産

(2) 見積もり

(3) 予算

第73問の答え　　（1）払い戻し

< reimbursement >
[rìːimbə́ːrsmənt]【名詞】払い戻し、返済

【解説】ビジネスでよく使う単語です。TOEICでもリスニング、リーディング、両セクションに時々使われます。TOEICでは特にリスニングセクションのパート(3)や(4)で「立て替えた出張費や交通費の払い戻し」に関する英文がよく出ます。その際に出てくる単語です。

【派】reimburse（動）　【類】refund

【例文】Our reimbursement to you will be sent to your bank account.
訳：あなたへの払い戻し金はあなたの銀行口座に振り込まれます。

【参考】（2）income　（3）incentive

第74問の答え　　（1）財産

< estate >
[istéit]【名詞】財産、地所、土地

【解説】TOEICではリスニング、リーディング、両セクションによく出る単語です。類義語にpropertyやassetがあります。これらの単語もよく出るので、一緒に覚えましょう。また、estateに関連した単語で「real estate（不動産、土地）」があり、この単語もリスニング、リーディングセクションともに頻繁に使われます。

【例文】The estate included land, stocks and insurance.
訳：財産には土地と株式と保険が含まれていました。

【参考】（2）estimate　（3）budget

第75問

< destination >

この単語の、もっとも適切な日本語を選びなさい。

(1) 指名

(2) 辞職

(3) 目的地

第76問

< expectation >

この単語の、もっとも適切な日本語を選びなさい。

(1) 期待

(2) 実験

(3) 試験

第75問の答え　(3) 目的地

< destination >

[dèstənéiʃən] 【名詞】目的地、行き先

【解説】TOEICではリスニングセクションでよく使われる単語です。特にパート(2)や(3)の「行き先を尋ねる問題」や「電車が〜に向かっているという話」の中で使われることの多い単語です。

【例文】We will travel in Europe, but our final destination is North Africa.
訳：ヨーロッパに旅行することになっていますが、最終目的地は北アフリカです。

【参考】(1) nomination　(2) resignation

第76問の答え　(1) 期待

< expectation >

[èkspektéiʃən] 【名詞】期待、予想、可能性

【解説】ビジネス関連のレポートや経済ニュースで頻繁に使われる単語です。TOEICでもリスニングセクション、リーディングセクションともに頻繁に使われます。ビジネス必須単語でありかつTOEIC必須単語です。動詞は「expect（期待する）」で、名詞同様にTOEIC重要単語です。

【例文】The expectation of the space scientists was high because they had made much effort in the missile take-off.
訳：宇宙科学者達はミサイルの発射に大変な努力をしたので、彼らの期待は大きかったです。

【参考】(2) experiment　(3) examination

第77問

< adapt >

この単語の、もっとも適切な日本語を選びなさい。

(1) 採用する

(2) 適応する

(3) 認める

第78問

< subsidiary >

この単語の、もっとも適切な日本語を選びなさい。

(1) 子会社

(2) 関連会社

(3) 助成金

第77問の答え　　（2）適応する

< adapt >

[ədǽpt]【動詞】適応する、適応させる、合わせる

【解説】日常的にもビジネスにもよく使う単語です。TOEICではリスニング、リーディング、全パートを通して時々出ます。「adopt（採用する、取り入れる）」と間違えないようにしましょう。名詞の「adaptability（適応性）」、形容詞の「adaptable（適応できる）」も時々出るので一緒に覚えましょう。

【例文】The company will adapt the imported machine for the domestic market.
訳：会社は輸入機械を国内市場向けに改良するでしょう。
【参考】（1）adopt　　（3）admit

第78問の答え　　（1）子会社

< subsidiary >

[səbsídièri]【名詞】子会社

【解説】ビジネス必須単語であり、かつTOEIC必須単語です。リスニング、リーディング、両セクションに頻繁に使われます。「headquarters（本社）」、「affiliated company（関連会社）」、「branch office（支店）」などの単語と一緒に覚えておきましょう。

【例文】In order to make sales more efficient, the headquarters is thinking of forming a subsidiary responsible for sales.
訳：販売をより効率的にするために、本社は販売専門の子会社の設立を考えています。
【参考】（2）affiliated company　　（3）subsidy

第79問

< consult >

この単語の、もっとも適切な日本語を選びなさい。

(1) 同意する

(2) 相談する

(3) 侮辱する

第80問

< commute >

この単語の、もっとも適切な日本語を選びなさい。

(1) 伝達する

(2) 更新する

(3) 通勤する

【2章 パート2・3によく出る単語・熟語】

第79問の答え　(2) 相談する

< consult >

[kənsʌ́lt]【動詞】相談する

【解説】他動詞 consult の問題としてパート(5)の文法問題に出たこともありますが、最近は出題されません。他動詞は「(医者などの専門家に) 相談する」という意味で、後ろに直接目的語がきます。自動詞は「(同僚や友人などの対等の立場の人に) 〜について相談する」という意味で、後ろに with、on、about などの前置詞がきます。リスニングセクションでも頻繁に出ます。
【派】consultant（名）　consultation（名）
【例文】I will consult a doctor before starting exercise.
訳：運動を始める前に医者の診察を受けるでしょう。
【参考】(1) consent　(3) insult

第80問の答え　(3) 通勤する

< commute >

[kəmjúːt]【動詞】通勤する、通学する

【解説】日常生活で頻繁に使う単語です。リスニングセクションのパート(2)や(3)で通勤に関する英文が出ることがよくあります。通勤方法について話したり、通勤に遠いから町に転居する、などのような内容です。名詞も同じ「commute（通勤、通学）」ですが、TOEIC では動詞の commute の方がよく出ます。「commuter（通勤者）」も時々出ます。一緒に覚えましょう。
【例文】He commutes to work in the first class car.
訳：彼は一等車で通勤しています。
【参考】(1) communicate　(2) renew

第 81 問

< identify >

この単語の、もっとも適切な日本語を選びなさい。

(1) 介入する

(2) 証明する

(3) 確認する

第 82 問

< figure >

この単語の、もっとも適切な日本語を選びなさい。

(1) 計算

(2) 表

(3) 数字

第81問の答え　　（3）確認する

< identify >

[aidéntəfài]【動詞】確認する、識別する

【解説】飛行場や研究所の受付などの会話で「身元確認のための書類を出してください」というフレーズがよく出ます。その中で使われる単語です。パート(3)の会話文や(4)の説明文、パート(7)の長文読解でよく出ます。名詞は「identification（身分証明、身元確認）」で、TOEIC必須単語です。

【類】recognize

【例文】The website required a person to identify himself not only with a name but also with a password.

訳：ウェブサイトは本人であることを確認できるよう、名前のほかにパスワードも入力するよう要求しました。

【参考】（1）intervene　（2）certify

第82問の答え　　（3）数字

< figure >

[fígjər]【名詞】数字、形、図

【解説】ビジネスでは、生産台数、売上高のように「数字」に関する表現がよく用いられるので、数字という意味の「figure」も頻繁に使われます。リスニング、リーディング、両セクションに時々出ます。ビジネスで使い慣れていない人は「figure」という音が流れると、「形」を想像してしまうので、英文は聞こえていても意味がとれません。

【例文】The figures that I had did not match those of my accountant's.

訳：私の数字は私の会計士の数字と一致しませんでした。

【参考】（1）calculation　（2）table

第 83 問

< exhausted >

この単語の、もっとも適切な日本語を選びなさい。

(1) 疲れきった

(2) さらされた

(3) 絶滅した

第 84 問

< considerable >

この単語の、もっとも適切な日本語を選びなさい。

(1) 思いやりのある

(2) 保守的な

(3) かなりの

第83問の答え　(1) 疲れきった

< exhausted >

[igzɔ́:stid]【形容詞】疲れきった、へとへとの、枯渇した

【解説】日常的によく使う単語です。TOEICではリスニングセクションのパート(2)や(3)で時々使われます。特にパート(2)では、質問文と正解の選択肢の間で「同じ意味の異なる単語に言い換える」場合が多く、「exhausted」でもっとも多い言い換えは「tired」との間での言い換えです。exhausted は tired と一緒に覚えましょう。動詞は「exhaust」です。

【例文】The men in the sales department were exhausted from the intensive sales campaign.
訳：販売促進キャンペーンのために、営業部の男性たちはへとへとになりました。

【参考】(2) exposed　(3) extinct

第84問の答え　(3) かなりの

< considerable >

[kənsídərəbl]【形容詞】かなりの、相当な

【解説】頻繁に使われる単語です。使い方を覚えておくと、レポートやビジネスでの英文にも重宝に使えます。TOEICではリスニングセクション、リーディングセクションともによく使われますが、特にリスニングセクションの会話文で使われることが多いです。

【派】cosiderably（副）

【例文】The company allotted a considerable amount of money for research and development.
訳：会社は研究開発にかなりの金額を割り当てました。

【参考】(1) considerate　(2) conservative

第 85 問

< hand in >

この熟語の、もっとも適切な日本語を選びなさい。

(1) 引き継ぐ

(2) (申し出を)断る

(3) 提出する

第 86 問

< plant >

この単語の、もっとも適切な日本語を選びなさい。

(1) 惑星

(2) 温室

(3) 工場

第85問の答え　　（3）提出する

< hand in >
【熟語】提出する、手渡す

【解説】日常的にも、ビジネスにも頻繁に使う熟語です。日常会話でも頻繁に使われるからかTOEICのリスニングセクションでよく出てきます。類語に頻出単語のsubmitがあります。

【例文】Conscientious students never fail to hand in their homework on time.
訳：まじめな学生は、宿題を時間通りに提出しそこねることはありません。

【参考】（1）take over　（2）turn down

第86問の答え　　（3）工場

< plant >
[plǽnt]【名詞】工場、工場設備、植物

【解説】パート(2)と(3)で頻繁に使われる単語です。植物という意味もあり、パート(2)のトリックとして使われる場合が多いです。パート(2)は異なる発音をする同義語に言い換えた英文が正解という場合が多く、同じ音が聞こえたら同じ発音の別の意味の単語を使ってひっかけようとしている、と考えてください。plantの場合、factoryで言い換えている場合が多いです。

【例文】The power plant is operated by using nuclear materials.
訳：発電所は核物質を使って運転されています。

【参考】（1）planet　（2）green house

第 87 問

< workplace >

この単語の、もっとも適切な日本語を選びなさい。

(1) 職場

(2) 手順

(3) 仕事台

第 88 問

< pharmacy >

この単語の、もっとも適切な日本語を選びなさい。

(1) 薬

(2) 薬局

(3) 薬剤師

第87問の答え　（1）職場

< workplace >

[wə́:rkplèis]【名詞】職場、仕事場

【解説】リスニング、リーディング、両セクションを通してよく出る単語です。特にリスニングセクションパート(2)の応答問題や、パート(3)の説明文、リーディングセクションパート(7)の長文読解の社内メールなどでよく使われます。workplace はその正確な意味を知らなくても想像できる単語だと思います。

【例文】White-collar crime takes place not only in the workplace but at other sites as well.

訳：ホワイトカラー犯罪は職場だけでなく他の場所でも起こります。

【参考】（2）procedure　（3）worktable

第88問の答え　（2）薬局

< pharmacy >

[fɑ́:rməsi]【名詞】薬局、製薬学

【解説】パート(2)や(3)でよく出ます。「どこで会話が行なわれていますか？」という質問が多く、「pharmacy」と答える問題もあります。パート(7)の長文読解で「処方箋」に関する話が出ることがあるので、使われることもあります。pharmacist が「薬剤師」で、pharmaceutical が「製薬の（形容詞）」「製薬（名詞）」、製薬会社のことは「pharmaceutical company」です。

【類】drugstore

【例文】After he graduated from a college of pharmacy, he was immediately hired by a pharmacy chain.

訳：彼は薬科大学を卒業後、すぐに薬局チェーンに採用されました。

【参考】（1）medicine　（3）pharmacist

第89問

< brochure >

この単語の、もっとも適切な日本語を選びなさい。

(1) 履歴書

(2) パンフレット

(3) ブローカー

第90問

< duty >

この単語の、もっとも適切な日本語を選びなさい。

(1) 締切日

(2) 職務

(3) ほこり

【2章 パート2・3によく出る単語・熟語】 123

第89問の答え　　（2）パンフレット

< brochure >
[brouʃúər]【名詞】パンフレット

【解説】日常的によく使う表現です。TOEIC でもパート (2) の応答文やパート (3) の会話文でよく出る単語です。アメリカやイギリスで暮らしていると、実生活で pamphlet よりも brochure の方が頻繁に使われています。TOEIC でも pamphlet はほとんど出ませんが、brochure は頻繁に出ます。

【類】pamphlet, leaflet

【例文】The private school created a very beautiful brochure in order to attract more applicants.
訳：私立の学校は、より多くの志願者を引きつけるために大変きれいなパンフレットを作りました。

【参考】（1）resume　　（3）broker

第90問の答え　　（2）職務

< duty >
[dú:ti]【名詞】職務、関税、義務

【解説】ビジネスで頻繁に使う単語で、TOEIC でもリスニング、リーディング、両セクションによく出ます。職務、関税、義務それぞれ意味が異なりますが、TOEIC には「職務」という意味か「関税」という意味で出る場合が大半です。日常会話では「義務」という意味でよく使います。

【類】task, assignment

【例文】Unfortunately, the company does not feel that it has a duty to contribute to charity.
訳：残念ながら、会社はチャリティーに寄付を行なう義務があるとは思っていません。

【参考】（1）due date　　（3）dust

第 91 問

< material >

この単語の、もっとも適切な日本語を選びなさい。

(1) 問題

(2) 成熟

(3) 材料

第 92 問

< overdue >

この単語の、もっとも適切な日本語を選びなさい。

(1) 突出した

(2) 期限を過ぎた

(3) 時間外の

第91問の答え （3）材料

< material >
[mətíəriəl]【名詞】資料、材料、原料

【解説】日常的にもビジネスでも頻繁に使う単語です。TOEICでは「材料」、「資料」、両方の意味で頻繁に使われます。リスニング、リーディング、全パートを通して出ますが、特にリスニングセクションでよく出る単語です。

【例文】The materials needed to produce the furniture are not available domestically so they must be imported.
訳：家具を製造する材料は国内では入手できないので、材料は輸入に頼らざるをえません。

【参考】(1) matter　(2) maturity

第92問の答え （2）期限を過ぎた

< overdue >
[òuvərdú:]【形容詞】期限を過ぎた、締め切りに遅れた

【解説】日常的にもビジネスにも頻繁に使う単語です。パート(2)で、「返却の締め切りに遅れた本の罰金はいくらですか？」などの表現が使われることがあります。overdueはリスニングセクションを中心にさまざまな英文で出ます。overの付かない「due（締め切りの、支払い期日の）」も覚えましょう。overdueより出題頻度は高いです。

【例文】Overdue charges on print material shall be 2 cents per day with a maximum charge of $1.00.
訳：活字資料の返却締め切りに遅れた場合の料金は、最高額を1ドルとして1日につき2セントです。

【参考】(1) outstanding　(3) overtime

第 93 問

< be responsible for >

この熟語の、もっとも適切な日本語を選びなさい。

(1) ～の責任がある

(2) ～を埋め合わせる

(3) ～に巻き込まれる

第 94 問

< consequence >

この単語の、もっとも適切な日本語を選びなさい。

(1) 意識

(2) 連続

(3) 結果

第93問の答え　(1) ～の責任がある

< be responsible for >
【熟語】～の責任がある

【解説】日常会話の中で頻繁に使う熟語です。リスニング、リーディング、両セクションに時々出題されます。特にパート(3)で「～の仕事は誰が責任者ですか？(Who is responsible for ～?)」という質問が出ることがあります。会話文の中でもよく出る熟語です。パート(5)や(6)でも、responsible や for を問う問題として何度か出題されたことがあります。日本語訳が同じ「～の責任がある」の「be liable for ～」との違いを明確にしましょう。

【例文】My section is responsible for sales in the suburban area only.
訳：私の課は郊外地区のみでの販売を担当しています。

【参考】(2) make up for　(3) be involved in

第94問の答え　(3) 結果

< consequence >
[kánsəkwèns]【名詞】結果、結論

【解説】ビジネスで頻繁に使う単語です。TOEIC ではリスニング、リーディング、両セクションを通して時々出る単語です。consequence に関連する重要な表現として、「as a consequence (熟語)」(＝結果として)、「consequently (副詞)」(＝その結果)、「consequent (形容詞)」(＝～の結果として起こる)があり、これらは覚えておくと TOEIC だけでなく仕事でも使えます。

【例文】The consequence of his overspending his business allowance was a stern warning from the accounting office.
訳：彼が業務割り当て費を使いすぎた結果、会計事務所から厳しい警告がきました。

【参考】(1) consciousness　(2) sequence

第 95 問

< resolve >

この単語の、もっとも適切な日本語を選びなさい。

(1) 再開する

(2) 回転する

(3) 解決する

第 96 問

< replace >

この単語の、もっとも適切な日本語を選びなさい。

(1) 代表する

(2) 返答する

(3) 取り替える

第95問の答え　（3）解決する

< resolve >
[rizálv]【動詞】解決する、決心する、決定する、散らす

【解説】ビジネスでもよく使われますが、TOEICではリスニングセクションのパート(3)や(4)などの、設問文で「How do they resolve ～?(～をどのようにして解決するのか)」という形の英文で問題文にもよく使われる単語です。resolveの意味を知らなければ問題文の意味がわかりません。
【類】settle, solve
【例文】The problem was resolved between the two companies after their lawyers met.
訳：双方の会社の弁護士が会った後で、2社間の問題は解決されました。
【参考】（1）resume　（2）revolve

第96問の答え　（3）取り替える

< replace >
[ripléis]【動詞】取り替える

【解説】replaceは「人を取り替える」などという場合の人事的な意味でも使われますし、また、「トナーなどの物を取り替える」という意味でも使われます。ビジネスで頻繁に使われ、TOEICにもリスニングセクションを中心に頻繁に出ます。「replace A with B」で「AをBに取り替える」です。前置詞の「with」も一緒に覚えましょう。
【派】replacement（名）　【類】substitute
【例文】You need to replace missing teeth with dental implants.
訳：あなたはなくした歯を差し歯に取り替える必要があります。
【参考】（1）represent　（2）reply

第97問

< embassy >

この単語の、もっとも適切な日本語を選びなさい。

(1) 小論文

(2) 大使館

(3) 税関

第98問

< overtime >

この単語の、もっとも適切な日本語を選びなさい。

(1) 期限が過ぎた

(2) 一晩中の

(3) 時間外の

第97問の答え　(2) 大使館

< embassy >

[émbəsi]【名詞】大使館

【解説】TOEFLによく出る単語なので、その関係でTOEICでも時々使われます。TOEFLにはよく出ますが、TOEICでは出題頻度はさほど高くありません。大使は「ambassador」です。領事館は「consulate」、領事が「consul」です。これらの単語も出ることがあるので一緒に覚えましょう。

【例文】The embassy in the developing country wanted more security provided by the government in its home country.
訳：発展途上国にある大使館は自国政府によるさらに厳重な警備を望みました。

【参考】(1) essay　(3) customs

第98問の答え　(3) 時間外の

< overtime >

[óuvərtàim]【形容詞】時間外の

【解説】残業関連の表現がTOEICのリスニングセクションで頻繁に出ます。例文ではovertimeを形容詞として使っていますが、残業をする、は「work overtime」と言います。この場合overtimeを副詞として使っています。またovertimeは「残業」という名詞でもあります。TOEICでよく使われるのは、形容詞としてのovertimeと、副詞としてのovertimeです。

【例文】He was not paid for his overtime work, so he complained to the accounting section.
訳：彼は残業代を支払われなかったので、経理部に苦情を言いました。

【参考】(1) overdue　(2) overnight

第 99 問

< prefer >

この単語の、もっとも適切な日本語を選びなさい。

(1) 普及する

(2) 推薦する

(3) 好む

第 100 問

< mechanic >

この単語の、もっとも適切な日本語を選びなさい。

(1) 修理工

(2) 仕組み

(3) 金属

第99問の答え　(3) 好む

< prefer >

[prifə́ːr]【動詞】好む

【解説】パート(2)の応答文やパート(3)の会話文で使われることが多いです。パート(5)の文法問題で「prefer + to do (〜する方を好む)」の to のうしろは動詞の原形をおく、が問われたことがあります。「prefer A to B (B より A を好む)」も重要。名詞は「preference (好み)」ですが、出題頻度は低いです。

【類】like

【例文】People living in San Francisco prefer to go to Los Angeles by plane rather than train.

訳：サンフランシスコに住む人たちは電車より飛行機でロサンゼルスへ行く方を好みます。

【参考】(1) prevail　(2) recommend

第100問の答え　(1) 修理工

< mechanic >

[məkǽnik]【名詞】修理工、整備士、機械工

【解説】日常生活でもよく使いますが、TOEIC 的にも非常に重要な単語です。リスニングセクションで頻繁に出ます。パート(2)や(3)で「彼は何の職業の人でしょうか？」という質問が出ます。会話文を参考に職業を選ぶわけですが、取り上げられる職業は多くなく、その一つが mechanic です。職業を問う問題以外でも、リスニングセクションでは頻繁に使われます。TOEIC 重要単語の一つです。形容詞は「mechanical」です。

【例文】There were 20 mechanics taking care of the equipment in the factory.

訳：工場の機器の整備を行なう修理工が20名いました。

【参考】(2) mechanism　(3) metal

第 101 問

< justify >

この単語の、もっとも適切な日本語を選びなさい。

(1) 正当化する

(2) 証明する

(3) (意味などを)明らかにする

第 102 問

< appreciate >

この単語の、もっとも適切な日本語を選びなさい。

(1) 感謝する

(2) 前進する

(3) 任命する

第101問の答え　(1) 正当化する

< justify >

[dʒʌ́stəfài]【動詞】正当化する、正しいと評価する

【解説】法律関連でよく使いますが、法律関連以外でもビジネスで頻繁に使う単語です。TOEIC的にも重要な単語です。パート(5)で、「justify the expense (使った経費を正当化する)」という表現で、justifyという動詞をヒントにexpenseを空欄に入れさせる問題として出題されたこともあります。他にも、パート(3)や(4)、パート(7)の長文読解問題などでも使われる単語です。
【派】justification (名)
【例文】The salesman tried to justify his expenses.
訳：営業マンは彼の経費を正当化しようとしました。
【参考】(2) prove　(3) clarify

第102問の答え　(1) 感謝する

< appreciate >

[əprí:ʃièit]【名詞】感謝する、~をありがたく思う

【解説】日常的にもビジネスにも頻繁に使う単語です。ビジネスでは手紙、メールでよく使います。リスニングセクションはパート(2)や(3)で「仕事を手伝ってくれて感謝します」などのような英文で、またパート(7)の長文読解の手紙文でもよく使われる単語です。「thank you」という表現は少し幼稚なので、ビジネスレターなどではappreciateを使います。TOEIC的には大変重要な単語です。名詞は「appreciation」です。
【例文】It would be appreciated if you would respond to this correspondence as soon as possible.
訳：あなたができる限り速やかにこの手紙に返事をしてくだされば ありがたいです。
【参考】(2) proceed　(3) appoint

第 103 問

< be accompanied by ～ >

この熟語の、もっとも適切な日本語を選びなさい。

(1) ～にしたがって

(2) ～を伴う

(3) ～と比較される

第 104 問

< fine >

この単語の、もっとも適切な日本語を選びなさい。

(1) 手数料

(2) 罰金

(3) 経費

【2章 パート2・3によく出る単語・熟語】137

第103問の答え　(2) ～を伴う

< be accompanied by ～ >

【熟語】～を伴う、～を同伴する、～を添付する

【解説】日常的にもビジネスにもよく使う熟語です。リスニングセクションでは、「買った商品を返品する際にはレシートを添付しなければならない」というような英文で「添付する」で使われることが多いです。リーディングセクションでも時々出題されます。ニュースでもよく使われる単語で、「大統領が妻を伴って外遊する」というような英文では「伴う」という意味で使われる場合が多いです。

【例文】Our vice-president will visit our foreign office and he will be accompanied by our marketing specialist.
訳：副社長は海外事務所を訪れる予定で、その際にマーケティングの専門家を連れて行くでしょう。

【参考】(1) in accordance with　(3) be compared with

第104問の答え　(2) 罰金

< fine >

[fáin]【名詞】罰金

【解説】パート(2)で時々使われる名詞です。「返却の締め切りを過ぎた本の罰金はいくらですか？」というような意味の英文が出ます。fine に罰金という意味があることを知らないとできない問題です。動詞も同じ fine で「罰金を科する」という意味ですが、TOEIC にはほとんど出ません。fine には「晴れた、素晴らしい」という意味もあります。

【類】penalty

【例文】The company had to pay a fine because it did not meet the government's safety regulation standards.
訳：政府の安全規則の基準にあっていなかったので、会社は罰金を払わなければなりませんでした。

【参考】(1) fee　(3) expense

第105問

< recognize >

この単語の、もっとも適切な日本語を選びなさい。

(1) 見分ける

(2) 後悔する

(3) 改革する

第106問

< implement >

この単語の、もっとも適切な日本語を選びなさい。

(1) 改善する

(2) 組み立てる

(3) 実行する

【2章 パート2・3によく出る単語・熟語】 139

第105問の答え　（1）見分ける

< recognize >
[rékəgnàiz]【動詞】見分ける、認める

【解説】リスニングセクションのパート(2)、(3)、(4)で時々使われる動詞です。「ビジネスつながりの初対面の相手を駅に迎えに行く場面で、どのように相手を見分ければいいか」というようなストーリーの中で「見分ける」という意味でよく使われる単語。もちろん「認める」という意味で使われる場合もあります。
【派】recognition（名）
【例文】You will be able to recognize him by the red necktie which he will be wearing when waiting for you at the station.
訳：彼が駅であなたを待っている時につけている赤いネクタイで、あなたは彼を見分けることができるでしょう。
【参考】（2）regret　（3）reform

第106問の答え　（3）実行する

< implement >
[ímplmènt]【動詞】実行する、実施する

【解説】ビジネスで頻繁に使う単語です。TOEICでもリスニング、リーディング、両セクションによく使われます。新方式のTOEICでは、さらにビジネス系の内容にシフトしています。その意味でimplementは重要な単語です。名詞は「implementation（実行、実施）」で、名詞も時々出ます。一緒に覚えましょう。
【類】carry out
【例文】Many hours were necessary to implement the original plan.
訳：原案を実行するのに多くの時間を要しました。
【参考】（1）improve　（2）assemble

第 107 問

< device >

この単語の、もっとも適切な日本語を選びなさい。

(1) 装置

(2) 地域

(3) 離婚

第 108 問

< stationery >

この単語の、もっとも適切な日本語を選びなさい。

(1) 駅

(2) 文房具

(3) 統計

第107問の答え　　(1) 装置

< device >
[diváis]【名詞】装置、道具

【解説】日常的にもビジネスにもよく使う単語です。TOEICでもリスニング、リーディング両セクションに時々出る単語です。類義語に「machine」や「equipment」があります。これらの単語もTOEICにはよく出ます。
【例文】This device is used to detect unnecessary smoke in the factory.
訳：この装置は工場での異常な煙を探知するために使われます。
【参考】(2) region　(3) divorce

第108問の答え　　(2) 文房具

< stationery >
[stéiʃənèri]【名詞】文房具、事務用品

【解説】日常生活で頻繁に使う単語です。TOEICでは薬局やクリーニング屋などのように特定の店の名前がよく出ます。文房具屋もその一つです。文房具屋は「stationery store」と言います。また、企業の備品室で文具を調達する話も出ることがあります。主にリスニングセクションでよく出る単語で、パート(2)の応答文や、パート(3)の会話文で出ることが多いです。
【例文】The company stationery is kept in a large storeroom.
訳：会社の文房具は大きな備品室に保管されています。
【参考】(1) station　(3) statistics

第109問

< insurance carrier >

この単語の、もっとも適切な日本語を選びなさい。

(1) 保険証書

(2) 保険会社

(3) 保険料

第110問

< dispute >

この単語の、もっとも適切な日本語を選びなさい。

(1) 出荷

(2) 処分

(3) 議論

【2章 パート2・3によく出る単語・熟語】 143

第109問の答え　　（2）保険会社

< insurance carrier >
【名詞】保険会社

【解説】「insurance company」とまったく同じ意味で、ビジネスでよく使われる表現です。TOEICでも全般を通して使われますが、特にリスニングセクションのパート(3)の会話文で使われることが多いです。insurance companyは知っているけれど、insurance carrierは知らない、という人が多いので覚えましょう。保険料のpremiumも重要な単語で時々出ます。

【例文】The insurance carrier for the shipping company is located in a South American country.
訳：船会社が加入する保険会社は南アメリカの国にあります。

【参考】（1）insurance policy　（3）premium

第110問の答え　　（3）議論

< dispute >
[dispjú:t]【名詞】議論、口論、紛争

【解説】日常的にもビジネスにもよく使う単語です。動詞も同じ「dispute (議論する、争う)」です。名詞、動詞ともにTOEICでもリスニングセクションで時々使われます。

【派】disputable（形）　【類】argument

【例文】The dispute between the two companies could not be resolved so they decided to take it to court.
訳：2社間の紛争は解決することができなかったので、両社は裁判に持ち込むことにしました。

【参考】（1）shipment　（2）disposal

第 111 問

< allowance >

この単語の、もっとも適切な日本語を選びなさい。

(1) ごう慢

(2) 支給金

(3) 聴衆

第 112 問

< attire >

この単語の、もっとも適切な日本語を選びなさい。

(1) 服装

(2) 退職

(3) 態度

第111問の答え　(2) 支給金

< allowance >
[əláuəns]【名詞】支給金、支給額、手当て、許容

【解説】ビジネスでよく使う単語です。TOEICではリスニングセクションのパート(2)やパート(3)で時々使われます。TOEICでは「支給金」という意味で使われる場合が大半です。allowanceは動詞「allow (許す)」の名詞形です。
【例文】He received a transportation allowance.
訳：彼は通勤手当てを受け取りました。
【参考】(1) arrogance　(3) audience

第112問の答え　(1) 服装

< attire >
[ətáiər]【名詞】服装、衣装

【解説】ビジネス関連の会合や招待などの際によく使われる単語です。TOEICにはフォーマルな単語やインテリが使う単語が出ることが多いので、「attire」も使われることがあります。頻出単語ではありませんが、リーディングセクションで時々使われる単語です。clothesしか知らない人はここで覚えましょう。
【類】dress
【例文】Corporate attire among corporate executives is still the traditional coat and tie.
訳：企業の重役たちの会社での服装はいまだに伝統的な上着とネクタイです。
【参考】(2) retirement　(3) attitude

第113問

< merchant >

この単語の、もっとも適切な日本語を選びなさい。

(1) 商人

(2) 市長

(3) 会長

第113問の答え　　（1）商人

< merchant >

[mə́:rtʃənt]【名詞】商人、小売商、店主

【解説】日常的にもビジネスにもよく使う単語です。TOEICでは特にリスニングセクションで出ることが多いです。パート(1)からパート(4)までリスニングセクション全般にわたって使われます。派生語の「merchandise (商品)」もTOEIC重要単語で頻繁に使われます。一緒に覚えましょう。

【例文】The small town merchants formed an organization to attract more tourists to their town.

訳：小さな町の商人たちはより多くの観光客を彼らの町に引き付けるために、組織を結成しました。

【参考】（2）mayor　　（3）chairman

単語コラム

——英単語暗記法—固まりで覚える——

　リーディング力を上げなければ、新 TOEIC で高い点数は出にくいと思います。旧 TOEIC（現 IP テスト）より新 TOEIC の方がはるかに点数が高い、という人はリーディング力の高い人が多いです。

　リーディング力を上げるためにはさまざまな方法がありますが、やはり重要なのは「単語力の強化」です。文法が少し弱くても、リスニング力に欠けていても、多くの単語を知っていれば、リスニングセクション、リーディングセクションともに想像で解ける問題が増えます。

　点数の高くないクラスを教えていると、必ず出るのが「知っている語彙が少ないので、それがネックになっているように思います」という言葉です。

　語彙力を強化するためには、よく出る単語をただひたすら覚えるしかありません。歴史の年号を覚えるのと同じで、地道な努力を要する作業です。書いて覚える、声に出して覚える、覚え方はいろいろですが、短期間で点数を出す生徒は、書いて覚えている人が圧倒的に多いです。

単語コラム

　以前ケネス先生に「単語って、どうやって覚えるのが一番いいのでしょうか」とお聞きしたことがあります。
「固まりで覚えればいいよ」という答えがかえってきました。例えば、「survey」という単語を覚えたら、次には「survey」と一緒によく使われる表現である「conduct a survey」を覚えるということです。このように、単語をできるだけ固まりとして覚えておくと、たしかにTOEICだけではなく、話したり、書いたりする際にも有効です。

　他に大事なのは、「繰り返すこと」だそうです。朝3回書いたら、次は少し時間をあけて夜に覚えているかどうかチェックする、夜に覚えていたら1週間経ってまたチェックする、さらには1ヶ月経ってチェックする、というようにきちんと覚えるまで繰り返すのだそうです。

　どうしても覚えられない場合には、紙に書いて冷蔵庫のドアに貼る、持ち歩く、など自分なりの工夫をなさってください。

3章

パート4によく出る単語・熟語

【パート4】
リスニングセクション、パート4の「説明文問題」によく出る単語と熟語を集めました。
前3パートに比べ、ビジネスや経済ニュースなどで使われる難しめの単語が増えます。

第1問

< stock >

この単語の、もっとも適切な日本語を選びなさい。

(1) 債券

(2) 積み重ね

(3) 株

第2問

< equipment >

この単語の、もっとも適切な日本語を選びなさい。

(1) 代替品

(2) 装置

(3) 部品

第1問の答え　　　（3）株

< stock >
[sták]【名詞】株、株券、在庫

【解説】stock は頻繁に出ます。特にパート(4)の説明文や、パート(7)の長文読解のようなストーリー性のある英文だけでなく、パート(2)や(3)でもよく出ます。「stock price（株価）」、「stock market（株式市場）」、「stock exchange（証券取引所）」などが出ることが多いです。「在庫」という意味でもよく使われるので、どちらの意味で使われているか判断をしなければなりません。

【例文】The board of directors decided to split the stock because it had reached a price three times of what it had been the previous year.
訳：取締役会は、株価が前年度の3倍になったので、株を分割することに決めました。

【参考】（1）bond　（2）stack

第2問の答え　　　（2）装置

< equipment >
[ikwípmənt]【名詞】装置、備品

【解説】メーカーでよく使う単語です。リスニングセクションを中心に時々出ます。市販の参考書を見ると、パート(5)の問題で「不可算名詞の問題」として equipment を使っているケースが多いですが、私が受け続けているこの3年間では、不可算名詞として equipment を使っている問題は出ていません。よく出る単語なので知らない人は覚えましょう。

【派】equip（動）　【類】device, apparatus

【例文】Much heavy equipment was necessary in order to build the large dam across the wide river.
訳：広い川に大きなダムを建設するために、多くの重機が必要でした。

【参考】（1）replacement　（3）part

第 3 問

< capital >

この単語の、もっとも適切な日本語を選びなさい。

(1) 富

(2) 資本

(3) 同僚

第 4 問

< file >

この単語の、もっとも適切な日本語を選びなさい。

(1) 任命する

(2) 申請する

(3) 解雇する

第3問の答え　　　　（2）資本

< capital >

[kǽpətl]【名詞】資本、資本金、資源、首都

【解説】ビジネス必須単語であり、かつTOEIC必須単語です。リスニング、リーディング、両セクションに頻繁に使われます。「首都」という意味で出ることはほとんどなく、「資本」の意味で出る場合が大半です。ビジネスの世界では広く使われているので、誰もが知っている単語だと思います。

【類】fund

【例文】In order to expand, the company borrowed the necessary capital from the bank.
訳：業務拡大のために、会社は必要な資金を銀行から借りました。

【参考】（1）wealth　（3）colleague

第4問の答え　　　　（2）申請する

< file >

[fáil]【動詞】申請する、提出する

【解説】ビジネスでよく使う単語です。リスニングセクションのパート(3)や(4)、リーディングセクションのパート(7)の長文読解で時々出題されます。「～を申請する」という場合には「file for ～」を使うため、「file for ～」で出ることも多いです。forも一緒に覚えておきましょう。

【類】apply, present

【例文】Kmart Corp., the second largest discount retailer in the United States, filed for Chapter 11 bankruptcy protection.
訳：アメリカで第2位の安売り店であるケイマートは、更生法を申請して破産しました。

【参考】（1）appoint　（3）dismiss

第5問

< real estate >

この単語の、もっとも適切な日本語を選びなさい。

(1) 不動産

(2) 所有物

(3) 資産

第6問

< declare >

この単語の、もっとも適切な日本語を選びなさい。

(1) 宣言する

(2) 断る

(3) 飾る

第5問の答え　　　(1) 不動産

< real estate >
【名詞】不動産、土地

【解説】ビジネスで頻繁に使われる表現です。TOEICでもリスニングセクション、リーディングセクションともによく出ます。リスニングセクションパート(4)の説明文や、リーディングセクションパート(7)の長文読解で使われることが多いです。

【例文】The wealthy man receives income not only from rental property but also from purchasing and selling real estate.
訳：金持ちの男性は賃貸不動産からだけでなく、不動産の売買からも収入を得ています。

【参考】(2) possession　　(3) assets

第6問の答え　　　(1) 宣言する

< declare >
[dikléər]【動詞】宣言する、言明する、申告する

【解説】日常的にもビジネスにもよく使う単語です。TOEICでもリスニングセクションのパート(4)の説明文や、リーディングセクションのパート(7)の長文読解などのビジネス関連のストーリーで時々使われます。ビジネス関連では、「declare bankruptcy（破産宣言をする）」、「declare for taxes（税金の申告をする）」などのような表現でよく使います。

【派】declaration（名）　【類】announce, proclaim
【例文】War was declared after negotiations broke down.
訳：話し合いが決裂した後、宣戦布告がなされました。
【参考】(2) decline　　(3) decorate

第7問

< facility >

この単語の、もっとも適切な日本語を選びなさい。

(1) 肥沃

(2) 設備

(3) 能力

第8問

< establish >

この単語の、もっとも適切な日本語を選びなさい。

(1) 定期購読する

(2) 儲ける

(3) 設立する

第7問の答え　(2) 設備

< facility >
[fəsíləti]【名詞】設備、施設

【解説】「設備」という意味で使う場合、「facilities」と複数形で使います。TOEICでもリスニング、リーディング、両セクションを通してよく出ますが、特にパート(4)の説明文や、パート(7)の長文読解問題でよく出ます。

【例文】The isolated resort hotel does not have any medical facility nearby.
訳：人里離れたリゾートホテルは、近くに医療施設がありません。

【参考】(1) fertility　(3) ability

第8問の答え　(3) 設立する

< establish >
[istǽbliʃ]【動詞】設立する、設置する

【解説】会社を設立する、オフィスを設立する、委員会を設立する、などビジネスで頻繁に使う単語です。TOEICでも頻繁に使われますが、中でもリスニングセクションのパート(4)やリーディングセクションのパート(7)などのようにストーリーのある英文の中で使われることが多いです。名詞は「establishment」です。

【類】found, set up

【例文】A new office was established in London to handle the European market.
訳：ヨーロッパ市場を扱うために新しいオフィスがロンドンに設立されました。

【参考】(1) subscribe　(2) earn

第 9 問

< measure >

この単語の、もっとも適切な日本語を選びなさい。

(1) 手段

(2) 専攻科目

(3) 合併

第 10 問

< exceed >

この単語の、もっとも適切な日本語を選びなさい。

(1) 主張する

(2) 超える

(3) 除外する

第9問の答え　(1) 手段

< measure >

[méʒər]【名詞】手段、施策、措置、目安、ものさし

【解説】日常的にもビジネスにもよく使う単語です。TOEICではリスニングセクションのパート(3)や(4)で時々使われます。リーディングセクションでは「take measures（手段をとる）」という表現が時々出ます。動詞の take を一緒に使うと覚えておきましょう。動詞も同じ「measure（測る、評価する）」です。動詞も時々出ます。

【例文】The government took measures to check for illegal drugs at not only airports but also at shipping docks.
訳：政府は、不法な薬物を空港だけでなく港湾でもチェックできるよう手段を講じました。

【参考】(2) major　(3) merger

第10問の答え　(2) 超える

< exceed >

[iksí:d]【動詞】超える、上回る

【解説】「売上げが予想を超える」などのように、ビジネスや経済関連のレポートで使われやすい単語です。レポート関連で使われることが多いので当然 TOEIC でもリスニングセクションのパート(4)やリーディングセクションのパート(7)の長文読解のレポートや記事などで使われることが多い単語です。

【派】excess（名）　excessive（形）　【類】surpass

【例文】Tourists who exceed the amount of purchases allowed by the government must pay customs taxes.
訳：買い物の額が政府によって許可されている額を超えている旅行者は、関税を支払わなければなりません。

【参考】(1) insist　(3) exclude

第 11 問

< contribute >

この単語の、もっとも適切な日本語を選びなさい。

(1) 配る

(2) 貢献する

(3) のせいにする

第 12 問

< currency >

この単語の、もっとも適切な日本語を選びなさい。

(1) 通貨

(2) 国際宅配便

(3) 為替レート

第 11 問の答え　　（2）貢献する

< contribute >
[kəntríbju:t]【動詞】貢献する、寄付する

【解説】日常生活にもビジネスにもよく使う単語です。TOEICでもリーディング、リスニング、両セクションによく使われます。特にパート(4)の説明文や、パート(7)の長文読解でよく出ます。

【派】contribution（名）

【例文】The church contributed money to the victims of the earthquake.
訳：教会は地震の犠牲者にお金を寄付しました。

【参考】（1）distribute　（3）attribute

第 12 問の答え　　（1）通貨

< currency >
[kə́:rənsi]【名詞】通貨、貨幣

【解説】日常的にもビジネスにも頻繁に使う単語です。TOEICではビジネス関連の英文や単語が使われることが多いため、currency は TOEIC にも時々出ます。特にパート(4)の説明文や、パート(7)の長文読解などで、経済関連のレポートや記事の中で使われることが多いです。

【例文】American hotels require foreign customers to pay in American currency.
訳：アメリカのホテルは、外国の客にアメリカの通貨で支払うように要求します。

【参考】（2）courier　（3）exchange rate

第 13 問

< forecast >

この単語の、もっとも適切な日本語を選びなさい。

(1) 放送

(2) 会計年度

(3) 予想

第 14 問

< benefit >

この単語の、もっとも適切な日本語を選びなさい。

(1) 利益

(2) 公共料金

(3) 富

【3章 パート4によく出る単語・熟語】 165

第13問の答え　　　(3) 予想

< forecast >

[fɔ́:rkæst]【名詞】予想、見通し

【解説】経済関連の記事やビジネス関連のレポートで頻繁に使われる単語です。リスニング、リーディング両セクションに頻繁に出ます。特にパート(3)や(4)、パート(7)の長文読解で使われる場合が多いです。「天気予報（weather forecast）」という表現もパート(4)で出ることがあります。パート(5)の語彙問題として出題されたこともあります。動詞も「forecast」です。

【類】prediction, expectation

【例文】The forecast for the economic growth of the small South American country was not good.

訳：南アメリカの小国の経済成長の見通しはよくありませんでした。

【参考】(1) broadcast　　(2) fiscal year

第14問の答え　　　(1) 利益

< benefit >

[bénəfit]【名詞】利益、利点、給付金、手当て

【解説】ビジネスで頻繁に使う単語です。TOEICでもリスニング、リーディング、両セクションに時々使われます。「報酬、手当て」などの意味もあり、こちらの意味でもTOEICによく出ます。動詞もbenefitで「利益を得る」という意味があり、「～から利益を得る」だと「benefit from ～」になります。「benefit from ～」はパート(5)の語彙問題でも出題されたことのある表現です。形容詞は「beneficial」です。

【例文】One benefit of working for my company is the housing allowance.

訳：私の会社で仕事をする利点の一つは住宅手当てです。

【参考】(2) utility　　(3) wealth

第15問

< legislation >

この単語の、もっとも適切な日本語を選びなさい。

(1) 内閣

(2) 立法

(3) 登録

第16問

< anticipate >

この単語の、もっとも適切な日本語を選びなさい。

(1) 言及する

(2) 予想する

(3) 捨てる

第15問の答え　（2）立法

< legislation >
[lèdʒisléiʃən]【名詞】立法、法律

【解説】パート(4)や(7)の長文読解などで、法律関連の簡単な用語が使われることがあります。legislation もそのような語彙の一つです。(3)の「登録」は registration ですが、発音すると似ているので間違える人がいます。特に、パート(2)では問題文に出てくる単語と似た音の単語を不正解の選択肢に入れて選択肢を作成している場合が多いので、発音もきちんとチェックしておきましょう。

【派】legislate（動）　【類】law

【例文】The government passed anti-noise legislation.
訳：政府は騒音防止の法律を可決しました。

【参考】(1) cabinet　(3) registration

第16問の答え　（2）予想する

< anticipate >
[æntísəpèit]【動詞】予想する、見込む、期待する

【解説】ビジネス関連のレポートや経済ニュースなどでよく使われる単語です。TOEIC でもリスニング、リーディング、両セクションに頻繁に使われます。また、同じような意味の単語でやはり TOEIC でよく使われる、forecast、predict、expect も一緒に覚えておきましょう。

【派】anticipation（名）

【例文】The company anticipated a positive reaction to their new video game.
訳：会社は新しいビデオゲームに対する好意的な反応を期待しました。

【参考】(1) mention　(3) abandon

第 17 問

< award >

この単語の、もっとも適切な日本語を選びなさい。

(1) 賄賂

(2) 賃金

(3) 賞

第 18 問

< reward >

この単語の、もっとも適切な日本語を選びなさい。

(1) 報復

(2) 報酬

(3) 報告

第17問の答え　　(3) 賞

< award >

[əwɔ́:rd]【名詞】賞、賞品、賞金

【解説】リスニングセクションのパート(4)で頻繁に使われます。パート(4)の説明文では「受賞」に関する話が頻繁に出ます。受賞に関する話が出ると使われるのが「award」です。リーディングセクションのパート(7)の長文読解でも受賞関係の話が出ることがあり、パート(7)で使われることもあります。TOEIC必須単語の一つです。

【類】prize

【例文】He was given an award for being the top salesman of the month.
訳：彼は月間トップセールスマンだったので表彰されました。

【参考】(1) bribe　(2) wage

第18問の答え　　(2) 報酬

< reward >

[riwɔ́:rd]【名詞】報酬、謝礼金、報い

【解説】日常的にも、ビジネスにも頻繁に使う単語です。TOEIC必須単語でもあります。リスニング、リーディング、両セクションに頻繁に使われます。日常的には「報い」という意味でよく使いますが、TOEICはリスニング、リーディングともにビジネスがらみの英文が多いので、「報酬」という意味で出ることが多いです。

【例文】There is no reward for hard work as great as recognition.
訳：ハードワークに対する報いとしては、認められること以上に素晴らしいものはありません。

【参考】(1) revenge　(3) report

第 19 問

< pharmaceutical >

この単語の、もっとも適切な日本語を選びなさい。

(1) 生物学の

(2) 製薬の

(3) 物理学の

第 20 問

< ensure >

この単語の、もっとも適切な日本語を選びなさい。

(1) 確実にする

(2) ふりをする

(3) 励ます

第19問の答え　(2) 製薬の

< pharmaceutical >

[fà:rməsú:tikəl]【形容詞】製薬の、薬学の

【解説】「pharmaceutical company (製薬会社)」という表現が、リスニングセクションのパート(4)の説明文や、リーディングセクションのパート(7)の長文読解などで出ることがあります。名詞の、「pharmacy (薬局)」、「pharmacist (薬剤師)」もリスニングセクションのパート(2)や(3)で時々使われます。一緒に覚えましょう。

【例文】The pharmaceutical company submitted to the Ministry of Health new drugs for approval of sale.
訳：製薬会社は販売許可のために新薬を厚生労働省に提出しました。

【参考】(1) biological　(3) physical

第20問の答え　(1) 確実にする

< ensure >

[enʃúər]【動詞】確実にする、確保する、請け合う

【解説】ビジネスで時々使う単語です。TOEICではリスニングセクションのパート(3)や(4)、リーディングセクションではパート(5)の語彙問題として出題されたこともあります。また、パート(7)の長文読解でも出ることのある単語です。

【例文】Buying insurance for the car ensures partial payment toward the cost of repairs in the event of an accident.
訳：車に保険をかけることは、事故が起きた場合の修理費の支払いの一部を保証します。

【参考】(2) pretend　(3) encourage

第21問

< feature >

この単語の、もっとも適切な日本語を選びなさい。

(1) 特徴

(2) 数字

(3) 実行可能性

第22問

< sophisticated >

この単語の、もっとも適切な日本語を選びなさい。

(1) 柔軟な

(2) 精巧な

(3) 複雑な

第21問の答え　　　（1）特徴

< feature >

[fíːtʃər]【名詞】特徴、機能、容貌

【解説】日常的にも、ビジネスにもよく使う単語です。TOEICでもリスニング、リーディング、両セクションに時々使われます。特に、パート(3)や(4)でよく出ます。コピー機などの機械の特徴や機能を説明する英文が出ることが多く、そのような英文で必ず出て来る単語です。名詞のfeatureがよく出ますが、動詞も同じ「feature」です。動詞で使われる場合の意味は「特徴づける」という意味になります。

【例文】The features of the new computer were very advanced.
訳：新しいコンピューターの機能は大変進んでいます。

【参考】(2) figure　　(3) feasibility

第22問の答え　　　（2）精巧な

< sophisticated >

[səfístikèitid]【形容詞】精巧な、高機能の、洗練された

【解説】日常的にもビジネスにもよく使う単語です。TOEICでは、パート(4)の説明文やパート(7)の長文読解で時々出ます。動詞は「sophisticate（洗練する）」で、名詞は「sophistication（洗練）」ですが、一番よく出るのは形容詞の「sophisticated」です。

【例文】Our machinery is functional, but more sophisticated machinery has been developed.
訳：我々の機械装置は機能的ですが、さらに高機能な機械装置が開発されました。

【参考】(1) flexible　　(3) complicated

第23問

< verify >

この単語の、もっとも適切な日本語を選びなさい。

(1) 獲得する

(2) 確認する

(3) 変化する

第24問

< deserve >

この単語の、もっとも適切な日本語を選びなさい。

(1) 要求する

(2) 予約する

(3) 値する

第23問の答え　（2）確認する

< verify >

[vérəfài]【動詞】確認する、検証する、証明する

【解説】ビジネスで頻繁に使う重要な単語です。TOEICでも、リスニング、リーディング、両セクションによく出ます。特にパート(4)の説明文やパート(7)の長文読解などのようにストーリー性のある少し長めの英文で使われることが多いです。「研究所の入り口や空港などで本人確認を行なう」というシチュエーションの英文などで使われます。

【派】verification（名）　【類】confirm, certify

【例文】Two photo ID's are needed to verify a person's identity at the airport check-in counter.

訳：身元の確認を行なうために、空港のチェックインカウンターで2枚の写真付き身分証明書が必要とされます。

【参考】（1）acquire　（3）vary

第24問の答え　（3）値する

< deserve >

[dizə́:rv]【動詞】値する、価値がある

【解説】TOEICではリスニング、リーディング、両セクションに時々使われる単語ですが、中でもリスニングセクションのパート(3)や(4)で使われることが多いです。具体的には「昇進に値する」「受賞に値する」などのような英文で出ることが多いです。形容詞はdeservingです。形容詞が出ることもあります。

【例文】The worker felt that he deserved a raise in pay.

訳：従業員は自分は昇給に値すると思っていました。

【参考】（1）demand　（2）reserve

第 25 問

< restrict >

この単語の、もっとも適切な日本語を選びなさい。

(1) 規制する

(2) 監督する

(3) 制限する

第 26 問

< prospect >

この単語の、もっとも適切な日本語を選びなさい。

(1) 見通し

(2) 禁止

(3) 見積り

【3章 パート4によく出る単語・熟語】 177

第25問の答え　(3) 制限する

< restrict >
[ristríkt]【動詞】制限する、禁止する

【解説】日常的にも、ビジネスにも頻繁に使う単語です。TOEICではリスニングセクションのパート(2)、(3)、(4)で使われることの多い単語です。また、リーディングセクションのパート(7)の長文読解問題で出ることもあります。名詞の「restriction（制限、規制）」も重要な単語なので一緒に覚えましょう。

【例文】The free gift offer was restricted to those who bought the product.
訳：景品の進呈は、製品を購入した人に限られていました。

【参考】(1) regulate　(2) supervise

第26問の答え　(1) 見通し

< prospect >
[práspekt]【名詞】見通し、見込み、考察

【解説】ビジネス関連のレポートなどで頻繁に使われる単語です。パート(4)の説明文や、パート(7)の長文読解などで時々使われます。動詞も同じ「prospect（見込む）」です。形容詞の「prospective（見込みのある）」も「prospective customers（見込み客）」などのような表現でTOEICでも時々使われます。一緒に覚えましょう。

【例文】The future prospect for the new company is good.
訳：新会社の将来の見通しは明るいです。

【参考】(2) prohibition　(3) estimate

第 27 問

< productive >

この単語の、もっとも適切な日本語を選びなさい。

(1) 連続した

(2) 専門職の

(3) 生産的な

第 28 問

< sustain >

この単語の、もっとも適切な日本語を選びなさい。

(1) 持ちこたえる

(2) 中止する

(3) 疑う

【3章 パート4によく出る単語・熟語】 179

第 27 問の答え　　(3) 生産的な

< productive >

[prədʌ́ktiv]【形容詞】生産的な、生産力を有する

【解説】ビジネスで頻繁に使う単語です。TOEICでもリスニング、リーディング、両セクションに頻繁に使われます。名詞の「productivity（生産性）」はパート(5)の語彙問題として時々出題されます。動詞の「produce（生産する）」も頻繁に出ますが、一方で produce には「農産物」という名詞もあり、パート(1)の写真問題をはじめ時々出ます。「農産物」という意味を知らない人が多いので、一緒に覚えましょう。

【例文】Expressing criticism without suggesting constructive measures is not productive.
訳：建設的な方策を提案しないで批判することは生産的ではありません。

【参考】(1) consecutive　　(2) professional

第 28 問の答え　　(1) 持ちこたえる

< sustain >

[səstéin]【動詞】支える、持ちこたえる、耐える

【解説】経済ニュースやビジネスで頻繁に使う単語です。例文にもありますが、「sustain growth」という表現でよく使います。TOEICでもリスニング、リーディング、両セクションに時々使われます。特にパート(4)やパート(7)のビジネス関連のレポートなどで出てきます。

【派】sustainable（形）　【類】maintain

【例文】A major problem for a company is how to sustain growth.
訳：会社の大きな課題は、いかにして成長を持続するかということです。

【参考】(2) suspend　　(3) suspect

第 29 問

< assemble >

この単語の、もっとも適切な日本語を選びなさい。

(1) 同意する

(2) 集まる

(3) 似ている

第 30 問

< appoint >

この単語の、もっとも適切な日本語を選びなさい。

(1) さし示す

(2) 感謝する

(3) 任命する

第29問の答え　(2) 組み立てる

< assemble >

[əsémbl]【動詞】集まる、組み立てる

【解説】ビジネスで頻繁に使う単語でTOEICにもよく出ます。自動車や製品などを「組み立てる」という意味で使われることが多いですが、「集まる」、「集める」などの意味でも出ることがあります。「組み立てる」という意味は知っていても、「集まる」「集める」の意味で使われることは知らない人が多いのでここで覚えましょう。「assembly」は名詞で、「集会」「組み立て」です。

【例文】All factory workers must assemble in front of the plant for a safety meeting.
訳：安全対策会議のために、すべての工場労働者は工場の前に集まらなければなりません。

【参考】(1) consent　(3) resemble

第30問の答え　(3) 任命する

< appoint >

[əpɔ́int]【動詞】任命する、指名する、約束する

【解説】appointに「任命する」という意味があることを知らない人が多いかと思いますが、パート(5)の語彙問題で出題されたことのある単語で、時々使われます。「appoint ～ to … (～を…に任命する)」という意味でtoが問われることもあるのでtoも一緒に覚えましょう。この表現は「be appointed to ～ (～に任命される)」と受け身形で使われることも多いです。パート(7)の長文読解でも出ることのある単語です。

【派】appointment (名)　【類】assign, name

【例文】The president of the major chemical group appointed a new vice-president to head the new division devoted to research and development.
訳：大手化学グループの社長は、研究開発に専念する新しい部署を率いるために新しい副社長を任命しました。

【参考】(1) point　(2) appreciate

第 31 問

< warranty >

この単語の、もっとも適切な日本語を選びなさい。

(1) 保証

(2) 警告

(3) 配当

第 32 問

< refrain >

この単語の、もっとも適切な日本語を選びなさい。

(1) 差し控える

(2) 回復する

(3) 取り去る

第31問の答え　　（1）保証

< warranty >

[wɔ́:rənti]【名詞】保証、保証書

【解説】ビジネスでよく使う単語です。リスニング、リーディング、両セクションに時々使われる単語です。パート(5)で「under warranty」という表現の「under」を問う問題として出題されたことがあります。「under warranty」は「保証期間中で」という意味です。他にもパート(4)の説明文やパート(7)の長文読解で出ることもあります。覚えておくとビジネスだけでなく日常会話でも使えます。
【派】warrant（動）
【例文】This TV set has a one year warranty.
訳：このテレビは1年の保証が付いています。
【参考】（2）warning　（3）dividend

第32問の答え　　（1）差し控える

< refrain >

[rifréin]【動詞】差し控える、断つ、やめる

【解説】日常的にもビジネスにもよく使う単語です。TOEICでもリスニング、リーディング、両セクションに時々使われます。「〜を差し控える」という場合には、「refrain from 〜」という表現を使います。前置詞の from も一緒に覚えましょう。パート(4)の説明文や、パート(7)の長文読解のようにストーリー性のある英文で出ることがあります。
【例文】Please refrain from smoking in this area.
訳：この区域での喫煙はお控えください。
【参考】（2）recover　（3）remove

第 33 問

< warn >

この単語の、もっとも適切な日本語を選びなさい。

(1) 疲れさせる

(2) 警告する

(3) 悪化させる

第 34 問

< prosperity >

この単語の、もっとも適切な日本語を選びなさい。

(1) 財産

(2) 繁栄

(3) 見通し

【3章 パート4によく出る単語・熟語】 185

第33問の答え　（2）警告する

< warn >

[wɔ́ːrn]【動詞】警告する、注意する、戒める

【解説】日常的にもビジネスにも頻繁に使う単語です。TOEICではリスニングセクションのパート(4)の説明文や、リーディングセクションのパート(7)の長文読解で時々使われます。名詞の「warning（警告）」もリスニング、リーディング両セクションを通して使われる単語です。

【例文】The tax official warned the delinquent taxpayer that if he did not pay his back taxes by the deadline, his property would be seized.

訳：税務署員は、税金の滞納者に、追徴金を締切日までに支払わなければ財産を差し押さえると警告しました。

【参考】（1）exhaust　（3）deteriorate

第34問の答え　（2）繁栄

< prosperity >

[prɑspérəti]【名詞】繁栄、繁盛

【解説】ビジネス関連の文章で頻繁に使われる単語です。TOEICテストでもリスニング、リーディング両セクションに時々使われます。形容詞の「prosperous（繁栄した、繁盛している）」も時々出ます。一緒に覚えておきましょう。

【派】prosper（動）

【例文】Prosperity will return to the country only when there is political and economic stability.

訳：政治的、経済的に安定する場合にのみ、国に繁栄が戻るでしょう。

【参考】（1）property　（3）prospect

第35問

< authority >

この単語の、もっとも適切な日本語を選びなさい。

(1) 威厳

(2) 著者

(3) 権限

第36問

< modest >

この単語の、もっとも適切な日本語を選びなさい。

(1) 倫理の

(2) 忠実な

(3) 適度な

第35問の答え　　　（3）権限

< authority >

[əθɔ́:rəti]【名詞】権限、当局、権威、権力、専門家

【解説】TOEICではリスニングセクションのパート(4)の説明文や、リーディングセクションのパート(7)の長文読解で出ることがあります。さまざまな意味がありそれぞれの意味で出ます。「権限」という意味で使われる場合と「当局」という意味で使われる場合が多いです。動詞は「authorize(権限を与える)」です。動詞もTOEICにはよく出ます。

【例文】He has authority over workers only in his section and not over workers in other sections.
訳：彼は彼の部の従業員に対してのみ権限があり、他の部の従業員に対しての権限はありません。

【参考】(1) dignity　(2) author

第36問の答え　　　（3）適度な

< modest >

[mádəst]【形容詞】適度の、控えめな、慎み深い

【解説】日常的によく使う単語です。TOEICでもリスニング、リーディング、両セクションを通じて出ますが、頻出単語ではなく忘れた頃に出る単語です。

【派】modestly (副)

【例文】The company allowed only a modest amount of money to be spent on the new project.
訳：会社は新しいプロジェクトに費やす費用は少ししか認めませんでした。

【参考】(1) ethical　(2) loyal

第 37 問

< poll >

この単語の、もっとも適切な日本語を選びなさい。

(1) 棒

(2) 世論調査

(3) 汚染

第 38 問

< claim >

この単語の、もっとも適切な日本語を選びなさい。

(1) 叫ぶ

(2) 主張する

(3) 不満を言う

第37問の答え　(2) 世論調査

< poll >
[póul]【名詞】世論調査、投票

【解説】ニュースで頻繁に使われる単語です。政治関係のニュースで使われることが多いですが、経済関係のニュースでも使われます。TOEICでもリスニングセクションを中心に時々出る単語です。動詞も同じ「poll」で「世論調査をする」、「票を得る」という意味です。

【類】ballot, census

【例文】A poll was taken among the factory workers by the labor union regarding a pay raise.
訳：労働組合によって、昇給に関する工場労働者への調査が行なわれました。

【参考】(1) pole　(3) pollution

第38問の答え　(2) 主張する

< claim >
[kléim]【動詞】主張する、要求する、請求する

【解説】日常的にもビジネスにも頻繁に使う単語です。TOEICでは特にパート(3)の会話文やパート(4)の説明文で、商品やサービスに対して何かを要求するような英文で出ることが多いです。名詞も「claim (要求、主張)」で時々出ますが、名詞はすでに日本語になっているので知っていると思います。

【類】demand, require

【例文】He claimed that he was entitled to the insurance payments.
訳：彼は保険金を受け取る資格があると主張しました。

【参考】(1) cry　(3) complain

第 39 問

< strict >

この単語の、もっとも適切な日本語を選びなさい。

(1) 安定した

(2) 厳しい

(3) 慎重な

第 40 問

< overview >

この単語の、もっとも適切な日本語を選びなさい。

(1) 過重負担

(2) 景色

(3) 概要

第39問の答え　　（2）厳しい

< strict >

[stríkt]【形容詞】厳しい、厳格な、徹底的な

【解説】日常的によく使う単語です。リスニング、リーディング、両セクションに時々使われます。副詞は「strictly（厳しく）」です。strictly は「strictly limited」という表現で、パート(5)の語彙問題で出題されたことがあります。また、strict、strictly ともにパート(7)の長文読解で使われることもあります。

【類】severe

【例文】After the research details were stolen, rules about entering the laboratory were made stricter.
訳：研究内容が盗まれて以降、実験室への入室に関するルールがより厳しくなりました。

【参考】(1) stable　(3) cautious

第40問の答え　　（3）概要

< overview >

[óuvərvjù:]【名詞】概要、概観

【解説】「リサーチの概要は〜」というような英文が、リスニングセクションのパート(3)の会話文やパート(4)の説明文、リーディングセクションのパート(7)の長文読解で出ることがあります。ビジネスでも使う単語です。頻出単語ではありませんが時々出ます。

【類】outline

【例文】The company president gave an overview of the company's past year.
訳：会社の社長は過去1年間の会社の概況を述べました。

【参考】(1) overload　(2) view

単語コラム

──TOEIC向けの単語学習法──

　最近のTOEICは、特にビジネス関連の英文が増えています。パート5の語彙問題も、ビジネス系の単語が増えています。久々に受験するという方は、3～4年前のTOEICとは使われる単語が変わっていると考えてください。

　時々、受験用の単語本をTOEIC用に使っている、という方がいますが、ビジネス系の語彙が増えているため、受験用の単語本で数千単語覚えても、必ずしもTOEICの対策にはなりません。注意してください。

　単語力があまりない方には、単語本は有効ですが、仕事で英語を使っている方は、英文の中で単語の使われ方や意味を覚えるほうがいいと思います。

　1つの単語にはさまざまな意味があります。単語と意味だけを覚えても、TOEICには有効でない場合も多いです。

　例えば「term」「condition」にはともに「条件」という意味がありますが、パート5の選択肢として「term」と「condition」が一緒に出たことがあります。つまり、英文の意味を考えて、どちらが正しいか見極めなければならない

単語コラム

ということです。日ごろから英文を読み、英文の中で単語を覚えなければ、このような問題には対処できません。

単語本で勉強する場合は、必ず例文を読み、例文の中で使い方を覚えてください。

また、同じ単語でも、辞書や受験用の単語本で重要な意味として扱われていない意味を問われることがあります。

例えば「収容する」という意味の「accommodate」を知っている方は多いと思いますが、「適応させる」という意味で、パート5の語彙問題に取り上げられたことがあります。このような問題は最近増えています。

辞書に出ていない意味が取り上げられることさえあります。ビジネス英語に軸足を移してきている以上、しかたのないことです。大手外資系企業で働いている米国人が仕事で使っている英語、と考えると、どのような単語が重要かが理解できるでしょう。

ビジネス系の英文を読みながら、文章の中で単語を理解し覚えるという方法をお勧めします。

繰り返しになりますが、単語力のない方は本書のような「単語本」を併用することも重要です。

4章

パート5・6によく出る単語・熟語

【パート5&6】

リーディングセクション、パート5の「短文穴埋め問題」とパート6の「長文穴埋め問題」によく出る単語を集めました。パート5は語彙問題が半分、パート6はEメールや手紙、広告文などに出る単語が多いのが特徴です。

第1問

< attribute A to B >

この熟語の、もっとも適切な日本語を選びなさい。

(1) A を B のせいにする

(2) A に B を許可する

(3) A が B すると期待する

第2問

< survey >

この単語の、もっとも適切な日本語を選びなさい。

(1) 燃料

(2) 調査

(3) 観測

第1問の答え （1）AをBのせいにする

< attribute A to B >

【熟語】AをBのせいにする

【解説】日常的にも、ビジネスにも頻繁に使う熟語です。TOEICでもリーディングセクションのパート(5)で何度も出題されました。「attribute A to B」のAを主語にすると、「A is attributed to B」になり、形容詞を使うと「A is attributable to B」になります。「attribute A to B」も、「A is attributed to B」も、「A is attributable to B」もまったく同じ意味です。全部覚えておきましょう。

【例文】The sales staff attributed the good results to the lowered price of the product.
訳：販売部のスタッフは好調な成果は、製品価格の引き下げによるものだとしました。

【参考】（2）allow A to B　（3）expect A to B

第2問の答え （2）調査

< survey >

[sə́rvei]**【名詞】**調査、概観

【解説】ビジネスで頻繁に使う単語です。TOEICでもリスニング、リーディング、両セクションに頻繁に使われます。特にパート(5)で「conduct a survey」という表現を問う問題が時々出題されます。「conduct a survey」で覚えましょう。surveyには動詞もあり、「ざっと見渡す、概観する」という意味ですが、TOEICに出るのは名詞が大半で、それも「調査」という意味で出ることが多いです。

【例文】A survey was made of consumer preferences.
訳：消費者の好みに関する調査が行なわれました。

【参考】（1）fuel　（3）observation

第3問

< complain >

この単語の、もっとも適切な日本語を選びなさい。

(1) 複雑にする

(2) 償う

(3) 苦情を言う

第4問

< impressive >

この単語の、もっとも適切な日本語を選びなさい。

(1) 印象的な

(2) 差し迫った

(3) 受け身の

【4章 パート5・6によく出る単語・熟語】 199

第3問の答え　(3) 苦情を言う

< complain >

[kəmpléin]【動詞】苦情を言う、不満を言う

【解説】日常的にもビジネスにも頻繁に使う単語です。TOEIC必須単語です。リスニングセクションでは「買ったものが気に入らなくて返却する」などのストーリーで出ることが多いです。パート(5)の空欄補充問題で出ることもあり、名詞の「complaint(苦情)」との間で間違いを誘おうと作成された問題として出ることが多いです。名詞には「t」が付きますが、動詞には付きません。

【例文】Most dissatisfied customers do not take the time and make the effort to complain.
訳：不満のある顧客のほとんどは時間を取り、苦情を申し立てる努力をしません。

【参考】(1) complicate　(2) compensate

第4問の答え　(1) 印象的な

< impressive >

[imprésiv]【形容詞】印象的な、感銘を与える、大した

【解説】日常的に頻繁に使う単語です。パート(3)の会話文で出ることが多く、パート(5)で語彙問題、品詞問題として出ることもあります。ほぼ同じ意味の「impressing(印象的づける)」が出題されたことも。名詞「impression(印象)」、副詞「impressively(印象的に)」、動詞「impress(印象づける)」も重要です。

【類】moving, touching

【例文】The young salesman had entered the company only four months previously, but his sales record was impressive for a newcomer.
訳：若いセールスマンはたった4ヶ月前に入社したばかりでしたが、営業成績は新入社員としてはすばらしいものでした。

【参考】(2) pressing　(3) passive

第5問

< be concerned about >

この熟語の、もっとも適切な日本語を選びなさい。

(1) ～を担当している

(2) ～について心配をする

(3) ～に興味がある

第6問

< benefit from >

この熟語の、もっとも適切な日本語を選びなさい。

(1) ～の他に

(2) ～に由来する

(3) ～から利益を得る

第5問の答え (2) ～について心配をする

< be concerned about >
【熟語】～について心配をする、～を気にかける

【解説】日常的にも、ビジネスにも頻繁に使う熟語です。リーディングセクションのパート(5)で何度か出題されました。過去には「be concerned (about)」「be concerned (over)」の両方が出題されています。空欄に「about」や「over」を入れる問題としても出題されました。「be concerned about」も「be concerned over」もまったく同じ意味です。

【例文】The sales division chief was concerned about his salesmen's poor performance.
訳：営業課長は販売員の販売実績の悪さを心配しました。
【参考】(1) be in charge of　(3) be interested in

第6問の答え (3) ～から利益を得る

< benefit from >
【熟語】～から利益を得る、～から恩恵を受ける

【解説】ビジネスで頻繁に使う熟語です。TOEICでもパート(5)で数度出題されています。いずれも「from」を入れる問題として出題されています。もちろん、パート(5)以外でも使われます。TOEIC重要熟語の一つです。「benefit from」は覚えておけば仕事でも使えます。

【例文】You can benefit from the vitamin supplements.
訳：ビタミン補助食品にはよい効果をもたらす力があります。
【参考】(1) aside from　(2) derive from

第7問

< matter >

この単語の、もっとも適切な日本語を選びなさい。

(1) 問題

(2) 原料

(3) 定期購読

第8問

< submit >

この単語の、もっとも適切な日本語を選びなさい。

(1) 補助金を出す

(2) 提出する

(3) 許可する

第7問の答え　(1) 問題

< matter >

[mǽtər]【名詞】問題、事柄、困難

【解説】matter にはいろいろな意味がありますが、すべて覚えてください。パート(2)や(3)でよく使われます。パート(5)では「It's a personal matter.」という表現の「matter」を選ばせる問題が出題されました。「It's not your business.」というフレーズは少しきついので、「It's a personal matter.」とすればやわらかくなります。動詞 matter の出題頻度は高くありません。

【例文】The president took up the important matter of the red tape necessary to establish a factory in the Southeast Asian country.
訳：社長は東南アジアの国に工場を建てるのに必要とされる重要かつ煩わしい事務にたずさわりました。

【参考】(2) material　(3) subscription

第8問の答え　(2) 提出する

< submit >

[səbmít]【動詞】提出する、提示する

【解説】ビジネスで頻繁に使う単語です。リスニング、リーディング、ともによく出ます。パート(5)の語彙問題で「submit resume (履歴書を提出する)」という表現が取り上げられたことがあります。パート(7)の長文読解でもよく出る単語です。「hand in」は知っていても「submit」を知らないという人もいますが、TOEIC では submit の方が頻繁に使われます。

【派】submission (名)　【類】hand in, turn in, present

【例文】The salesmen were asked to submit all their business expense receipts to the accounting department.
訳：セールスマンはすべての経費の領収書を経理部に提出するよう要求されました。

【参考】(1) subsidize　(3) permit

第 9 問

< encourage >

この単語の、もっとも適切な日本語を選びなさい。

(1) 同封する

(2) 耐える

(3) 奨励する

第 10 問

< a variety of >

この熟語の、もっとも適切な日本語を選びなさい。

(1) の組み合わせ

(2) いろいろな

(3) 一種の

第9問の答え　（3）奨励する

< encourage >

[enkə́:ridʒ]【動詞】奨励する、励ます、勇気付ける

【解説】日常的にもビジネスにも頻繁に使う単語です。「be encouraged to ～（～するよう勧められる）」の形でよく出ます。パート(5)でこの形を問う問題が時々出題されています。encouraged が問われるか、to の後ろの動詞の原形部分が問われるかのどちらかです。TOEIC に出るのは「勧める」が多いですが、日常生活では「励ます」「勇気付ける」などの意味で使う場合が多いです。名詞は「encouragement」です。

【例文】Those tourists returning from abroad are encouraged to see a doctor if they become ill within one week.
訳：海外から帰国する旅行者が1週間以内に病気になれば、医者の診察を受けるように勧められています。

【参考】(1) enclose　(2) endure

第10問の答え　（2）いろいろな

< a variety of >

【熟語】いろいろな、様々な

【解説】リーディングセクションのパート(5)や(6)で頻繁に出題される熟語です。「variety」を問われる場合が多いですが、「a variety of」の後ろは複数名詞で、複数名詞の部分を問われる場合もあります。「a variety of の後ろは複数名詞」と覚えておきましょう。「a variety of」は「varieties of」と同じです。たまにではありますが、varieties of が出ることもあります。

【例文】A variety of shoes will be displayed at the trade market.
訳：さまざまな靴が取引市場に並べられるでしょう。

【参考】(1) a combination of　(3) a kind of

第 11 問

< prevent >

この単語の、もっとも適切な日本語を選びなさい。

(1) 防ぐ

(2) ふりをする

(3) 予測する

第 12 問

< take advantage of >

この熟語の、もっとも適切な日本語を選びなさい。

(1) 手段を講じる

(2) ～を利用する

(3) 手を打つ

【4章 パート5・6によく出る単語・熟語】 207

第11問の答え　（1）防ぐ

< prevent >
[privént]【動詞】防ぐ、阻む

【解説】日常的に頻繁に使う単語です。TOEICではリスニング、リーディング、両セクションに時々使われる単語です。「prevent A from B（AがBをするのを防ぐ）」の表現がパート(5)で前置詞 from を問う問題として出題されたことがあるので from も一緒に覚えておきましょう。
【派】prevention（名）　【類】hinder
【例文】The new law attempted to prevent money launderers from sending funds abroad.
訳：新しい法律は、マネーローンダラーが資金を外国へ送金できないようにしました。
【参考】(2) pretend　(3) predict

第12問の答え　（2）～を利用する

< take advantage of >
【熟語】～を利用する、～を活かす

【解説】頻繁に使う熟語で、TOEICにもよく出ます。リスニングセクションではパート(4)の説明文、リーディングセクションではパート(7)の長文読解、またパート(5)で熟語問題として出ることもあります。簡単な熟語です。take や make を使った熟語はよく使うので TOEIC にも出ることが多いです。
【例文】Many customers crowded into the department store to take advantage of the once-a-year sale.
訳：多くの客が一年に一度の特売を利用するために、デパートにどっと入って行きました。
【参考】(1) take measures　(3) take steps

第 13 問

< superior to >

この熟語の、もっとも適切な日本語を選びなさい。

(1) ～を代表して

(2) ～の埋め合わせをする

(3) ～より優れた

第 14 問

< prior to >

この熟語の、もっとも適切な日本語を選びなさい。

(1) ～より劣った

(2) ～より前に

(3) ～に無関心である

第13問の答え　(3) ～より優れた

< superior to >
【熟語】～より優れた

【解説】日常的にもビジネスにも頻繁に使う熟語です。TOEICでもパート(5)や(6)で時々出題されます。「～より優れた」は「superior to」でなければならないのに、「superior than」を選んで間違える人が多いので注意しましょう。反対は「inferior to (～より劣った)」ですが、「inferior to」はほとんど出題されません。

【派】superiority（名）

【例文】The shoes made in Italy are superior to the ones made domestically.
訳：イタリア製の靴は国内製のものより優れています。

【参考】（1）on behalf of　（2）make up for

第14問の答え　(2) ～より前に

< prior to >
【熟語】～より前に、～に先立って

【解説】日常的に頻繁に使う熟語です。TOEICでもリーディングセクションのパート(5)で何度も出題されています。いずれも「prior to」の「to」を空欄に入れる前置詞の問題として出題されています。TOEIC重要熟語の一つです。

【例文】Prior to takeoff, airline passengers must fasten their seatbelts.
訳：離陸の前に、飛行機の乗客はシートベルトを締めなければなりません。

【参考】（1）inferior to　（3）indifferent to

第 15 問

< conserve >

この単語の、もっとも適切な日本語を選びなさい。

(1) 保全する

(2) よく考える

(3) 値する

第 16 問

< consent >

この単語の、もっとも適切な日本語を選びなさい。

(1) 同意

(2) 反対

(3) 争い

【4章 パート5・6によく出る単語・熟語】 211

第15問の答え　(1) 保全する

< conserve >

[kənsə́:rv]【動詞】(自然や環境などを)保護する、保全する

【解説】環境問題が取り上げられると必ず出てくる単語です。リーディングセクションでよく出る単語です。特にパート(5)の語彙問題で出題されることがあります。「conserve energy」という表現で出題されることが多いです。この表現はTOEIC以外でも環境問題が扱われる際に使われるので覚えましょう。

【派】conservative (形)　conservation (名)

【例文】The government decided to take measures to conserve energy resources.

訳：政府はエネルギー資源を保全するための方策を講じることを決めました。

【参考】(2) consider　(3) deserve

第16問の答え　(1) 同意

< consent >

[kənsént]【名詞】同意、承認、許可

【解説】ビジネスで頻繁に使う単語です。パート(2)の会話文、パート(5)の語彙問題などでよく出ます。パート(5)では、「without consent」のような熟語の形で出題されて空欄にconsentを入れる、という形式での出題が多いです。動詞も「consent (同意する)」です。

【類】agreement

【例文】The government must give its consent to the plan before it can be carried out.

訳：政府は、その計画が実行可能になる前から、あらかじめ認可を与えておく必要があります。

【参考】(2) objection　(3) conflict

第 17 問

< considerate >

この単語の、もっとも適切な日本語を選びなさい。

(1) 心配して

(2) 思いやりがある

(3) 一貫した

第 18 問

< discouraging >

この単語の、もっとも適切な日本語を選びなさい。

(1) 思わしくない

(2) 寛大な

(3) 混乱させるような

第17問の答え　(2) 思いやりがある

< considerate >

[kənsídərət]【形容詞】思いやりがある、理解がある、察しがよい

【解説】動詞の「consider (～とみなす、～と考える)」は大半の方が知っていると思いますが、形容詞の considerate になると知らない方が多くなります。パート(5)の語彙問題で数度出題された単語です。なじみのうすい単語かもしれませんが、1年で数度の出題ですから重要な単語と言えます。わからない場合は consider から連想しましょう。

【派】consideration (名)　【類】thoughtful, attentive
【例文】Salesmen are considerate of their clients' feelings.
訳：セールスマンは顧客の感情に気を使います。
【参考】(1) concerned　(3) consistent

第18問の答え　(1) 思わしくない

< discouraging >

[diskə́:ridʒiŋ]【形容詞】思わしくない、落胆させる

【解説】今では形容詞として辞書に載っていますが、もともとは現在分詞です。TOEIC ではリーディングセクションのパート(5)で現在分詞の問題として時々出題されます。「売上げが思わしくない」というような英文が出てきて、discouraging と discouraged のどちらが正解なのか考えさせる問題です。売上げは人ではないので、discouraging と覚えておくといいと思います。動詞は「discourage」です。

【例文】The company decided to continue manufacturing the new product despite discouraging sales.
訳：売上げは思わしくありませんが、会社は新製品の製造の継続を決めました。
【参考】(2) generous　(3) confusing

第19問

< on behalf of >

この熟語の、もっとも適切な日本語を選びなさい。

(1) ～の観点から

(2) ～を代表して

(3) ～に基いて

第20問

< complaint >

この単語の、もっとも適切な日本語を選びなさい。

(1) 賛辞

(2) 苦情

(3) 成分

第19問の答え　(2) ～を代表して

< on behalf of >
【熟語】～を代表して、～の代わりに

【解説】ビジネスの会議やスピーチなどで頻繁に使う表現です。「A社を代表して話をします」「部長の代わりに参加します」など、「～を代表して」という意味でも、「～の代わりに」という意味でもよく使う熟語です。リーディングセクションでよく出る表現です。最近もパート(5)で出題されています。覚えておくと仕事で使えるので便利です。

【例文】Money was sent to the Red Cross on behalf of the company.
訳：会社名義でお金が赤十字社に送られました。

【参考】(1) in terms of　(3) on the basis of

第20問の答え　(2) 苦情

< complaint >
[kəmpléint]**【名詞】**苦情、不平

【解説】頻繁に使う単語です。特にリスニングセクションでは「買った商品に不満があって返品する話」で出ることが多いです。パート(5)の語彙問題でも何度も出題されています。動詞が「complain (不平を言う、苦情をもらす)」で、名詞が「complaint (不平、苦情)」です。最後に「t」が付くか付かないかが問題とされるので注意してください。。

【例文】I recommend that you use this form to submit a complaint to the ABC Automobile Company.
訳：ABC自動車に対する苦情の投稿を寄せる際はこの書式を使うことをお勧めします。

【参考】(1) compliment　(3) component

第21問

< without notice >

この熟語の、もっとも適切な日本語を選びなさい。

(1) 疑いもなく

(2) 許可なしに

(3) 予告なしに

第22問

< conduct a survey >

この熟語の、もっとも適切な日本語を選びなさい。

(1) 調査を行なう

(2) 訴訟をおこす

(3) 実験する

第21問の答え　(3) 予告なしに

< without notice >
【熟語】予告なしに、前ぶれもなく、突然

【解説】ビジネス、特に契約関連でよく使う熟語です。TOEICのリーディングセクションのパート(5)で時々出題される熟語です。同じ notice を使った表現で、「one month notice」もパート(5)で出題されたことがあります。「one month notice」もやはり契約関連でよく使う熟語です。一緒に覚えておきましょう。

【例文】Employees who have a poor work attendance record will be dismissed without notice.
訳：欠勤の多い従業員は、予告なしに解雇されるでしょう。

【参考】(1) without doubt　(2) without permission

第22問の答え　(1) 調査を行なう

< conduct a survey >
【熟語】調査を行なう

【解説】ビジネスで頻繁に使う熟語です。パート(5)で「survey should be conducted」という文の「conducted」の部分を問う問題が出題されたこともありますし、「conduct a survey」の「survey」を問う問題が出題されたこともあります。出題箇所が前後にずれることもあるので、熟語やフレーズ全体を覚えておきましょう。conduct a study、conduct a research などはビジネスでよく使う熟語です。

【例文】Before the clothing company plans its fall production, it will conduct a survey of customer desires.
訳：アパレル会社は秋の生産を計画する前に、消費者の要望を調査するでしょう。

【参考】(2) bring a suit　(3) conduct an experiment

第 23 問

< take steps >

この熟語の、もっとも適切な日本語を選びなさい。

(1) ～を利用する

(2) 手段を講じる

(3) 進歩する

第 24 問

< result in ～ >

この熟語の、もっとも適切な日本語を選びなさい。

(1) ～に起因する

(2) ～に屈服する

(3) ～という結果になる

第23問の答え (2) 手段を講じる

< take steps >

【熟語】手段を講じる

【解説】日常的にもビジネスにも頻繁に使う表現です。TOEICにも時々出ます。間違いを誘おうと、「steps should be taken」のように受け身形にして使われることも多いです。重要な表現なので覚えましょう。熟語では、take や make や conduct を使った表現がパート(5)で熟語問題として出題されることがあります。ビジネス関連の英文にこれらの動詞を使った熟語が出てきたら、覚えるようにしましょう。

【例文】The company will take steps to correct the many production mistakes that have been made in the new plant.
訳：会社は新工場で発生した多くの生産上のミスを是正するための手段を講じるでしょう。

【参考】(1) take advantage of (3) make progress

第24問の答え (3) ～という結果になる

< result in ～ >

【熟語】～という結果になる、結果として～になる

【解説】日常的にもビジネスにもよく使う熟語です。TOEICではリーディングセクションのパート(5)と(6)で数度出題されています。同じ result を使った TOEIC に時々出る熟語に「result from ～ (～に起因する)」があります。「result in」と「result from」を混同する人が多いので気をつけましょう。

【例文】Because the company has increased its advertising budget, it hopes that this will result in increased sales.
訳：広告の予算を増やした以上は、売上げが増加することを会社は期待しています。

【参考】(1) result from (2) give in

第25問

< valid for ～ >

この熟語の、もっとも適切な日本語を選びなさい。

(1) ～の間有効な

(2) ～に適用できて

(3) ～に申し込む

第26問

< beyond control >

この熟語の、もっとも適切な日本語を選びなさい。

(1) 使用中止になって

(2) コントロールできない

(3) 故障して

第25問の答え (1) ～の間有効な

< valid for ～ >

【熟語】～の間有効な

【解説】TOEIC のリーディングセクションのパート(5)で時々出題される熟語です。valid が問われる場合も、for が問われる場合もあるので「valid for ～」で覚えておきましょう。valid は「有効な、正当な」という意味の形容詞ですが、名詞の validity もパート(7)の長文読解をはじめリスニング、リーディングセクションともに時々使われます。

【例文】The discount coupon is valid for only one week.
訳：割引券は1週間だけ有効です。

【参考】(2) applicable to　(3) apply for

第26問の答え (2) コントロールできない

< beyond control >

【熟語】コントロールできない、制御できない、自由にならない

【解説】パート(5)で beyond を入れる問題として出題されたことがあります。beyond には「～を超えて、～の向こうに」という意味があり、beyond を使った熟語はいろいろあります。そのまま訳すと「control を超えて、control の向こうに」となるので意味は簡単に想像できるのではないでしょうか。ビジネスでもよく使う熟語です。

【例文】Due to circumstances beyond our control, we will be unable to deliver supplies on the promised date.
訳：コントロール不可能な状況のため、約束の日に品物をお届けすることはできないでしょう。

【参考】(1) out of service　(3) out of order

第 27 問

< expense >

この単語の、もっとも適切な日本語を選びなさい。

(1) 費用

(2) 負債

(3) 消費

第 28 問

< term >

この単語の、もっとも適切な日本語を選びなさい。

(1) 制限

(2) 契約書

(3) 期間

第27問の答え　　　(1) 費用

< expense >

[ikspéns]【名詞】支出、費用

【解説】ビジネス、特に財務諸表などの会計関係のレポートで頻繁に使われます。リスニング、リーディング、両セクションに時々出題されます。「worth the expense（支出する価値のある）」や「justify the expense（支出を正当化する）」などのような表現でパート(5)の空欄補充問題でも出題されたことがあります。パート(4)の説明文やパート(7)の長文読解などでも出ます。
【派】expensive（形）　expend（動）　**【類】**spending
【例文】The tax office does not consider a suit a necessary expense for the ordinary worker.
訳：税務署は一般サラリーマンに対してスーツを必要経費とはみなしません。
【参考】(2) liabilities　(3) consumption

第28問の答え　　　(3) 条件

< term >

[tá:rm]【名詞】期間、条件、言葉、規約

【解説】term にはいろいろな意味があり、ここでは「期間」という意味で使われていますが、契約書などでは「条件」という意味でよく使われます。「条件」という意味で使う時は terms と複数形で使う場合が多いです。TOEIC では「期間」という意味でも、「条件」という意味でも出るので、両方覚えましょう。
【例文】The insurance policy is valid for the term of one year only.
訳：保険契約は1年のみ有効です。
【参考】(1) restriction　(2) contract

224

第29問

< extend >

この単語の、もっとも適切な日本語を選びなさい。

(1) 延ばす

(2) 期待する

(3) 抜粋する

第30問

< expand >

この単語の、もっとも適切な日本語を選びなさい。

(1) 拡大する

(2) 費やす

(3) 説明する

【4章 パート5・6によく出る単語・熟語】

第29問の答え　(1) 延ばす

< extend >

[iksténd]【動詞】(予定日、期限を)延ばす、拡張する、伸ばす

【解説】日常生活で頻繁に使う単語です。リスニングセクションの会話文で使われることが多いですが、リーディングセクションのパート (5) の語彙問題で出題されることもあります。語彙問題では、「expand（拡大する）」と対比させて出題されることも多いです。
【派】extension (名)
【例文】The government announced that the deadline for paying taxes would be extended for one month only for citizens who lived abroad.
訳：政府は、海外在住の市民に限って税金の支払い期限を1ヶ月だけ延長する予定であると、発表しました。
【参考】(2) expect　(3) extract

第30問の答え　(1) 拡大する

< expand >

[ikspǽnd]【動詞】広げる、拡大する、拡張する

【解説】ビジネス必須単語です。リスニング、リーディング両セクションに頻繁に使われ、TOEIC重要単語の一つです。パート (5) の語彙問題として出題されることもあります。間違いを誘うために似通った意味の単語の「extend（拡張する）」が選択肢に入っている場合が多いです。expand は全体に広がる感じ、extend は横に広がる感じ、と覚えておくといいと思います。
【派】expansion (名)
【例文】The pharmaceutical company decided to expand overseas.
訳：製薬会社は海外展開することを決めました。
【参考】(2) expend　(3) explain

第 31 問

< remind >

この単語の、もっとも適切な日本語を選びなさい。

(1) 思い出させる

(2) 記憶する

(3) 決意する

第 32 問

< retain >

この単語の、もっとも適切な日本語を選びなさい。

(1) 含む

(2) 保つ

(3) 得る

第31問の答え　（1）思い出させる

< remind >

[rimáind]【動詞】思い出させる、気付かせる

【解説】日常的によく使う単語です。リスニング、リーディング両セクションに頻繁に使われる単語です。パート(5)でも数度出題されています。受け身形で使われることが多く、「be reminded that 〜」、「be reminded to 〜」の形でよく使われます。TOEICで出題された際にはthatやtoが問題になったこともあるので、2つの表現とも覚えておくといいと思います。名詞も同じで「remind」です。

【例文】We would like to remind you that your payment was due at the end of last month.
訳：あなたの支払い期限は先月末であったことをお知らせします。

【参考】（2）remember　（3）resolve

第32問の答え　（2）保つ

< retain >

[ritéin]【動詞】保つ、保持する、維持する、雇っておく

【解説】リーディングセクションのパート(5)の語彙問題で数度出題されました。なじみの薄い単語かもしれませんが、1年で数度の出題ですからTOEIC的には重要な単語と言えます。パート(5)以外ではあまり出ていません。「keep」とほぼ同じ意味です。「雇っておく」という意味でもよく使いますが、TOEICに出るのはkeepの意味の「保つ」です。keepに置き換えてみて、置き換えられたらretainが正解です。

【例文】The company retains a famous law firm.
訳：会社は有名な弁護士事務所を雇っています。

【参考】（1）contain　（3）obtain

第 33 問

< expertise >

この単語の、もっとも適切な日本語を選びなさい。

(1) 経験

(2) 専門知識

(3) 満期

第 34 問

< speculation >

この単語の、もっとも適切な日本語を選びなさい。

(1) 仕様書

(2) 投機

(3) 投資

第33問の答え　(2) 専門知識

< expertise >

[èkspə:rtí:z]【名詞】専門知識、専門技術

【解説】ビジネスで時々使う単語です。少し専門的な単語で、インテリがよく使う単語です。パート(5)で数度出題されました。seek expertise という表現で expertise をヒントに「seek」を選ぶ問題としても出題されたこともあります。expertise の意味がわからなければ seek にたどり着けません。英文の意味を読んで expertise を選ばせる問題も出題されました。パート(7)の長文読解で出ることもあります。

【例文】We need to consult a professional to gain his expertise.
訳：専門知識を得るために専門家に相談する必要があります。

【参考】(1) experience　(3) expiration

第34問の答え　(2) 投機

< speculation >

[spèkjəléiʃən]【名詞】投機、推測

【解説】金融で「投機」という言葉は頻繁に使われます。ビジネス必須単語です。TOEIC にはビジネスでよく使われる単語の出題が年々増えています。speculation はリーディングセクションで時々使われる単語です。パート(5)で語彙問題として出題されたこともあります。「考察」という意味でも使われます。動詞は speculate で、「投機する」「考える」の2つの意味があります。形容詞は「speculative」です。

【例文】The cause of major business-cycle depression is land speculation.
訳：主景気循環における不況の原因は、土地投機です。

【参考】(1) specification　(3) investment

第 35 問

< distract >

この単語の、もっとも適切な日本語を選びなさい。

(1) 妨害する

(2) (人)の気をそらす

(3) 信用しない

第 36 問

< effective >

この単語の、もっとも適切な日本語を選びなさい。

(1) 熱望している

(2) 効果的な

(3) 情報を与える

【4章 パート5・6によく出る単語・熟語】 231

第35問の答え　(2)(人)の気をそらす

< distract >

[distrǽkt]【動詞】(人)の気をそらす、紛らす

【解説】パート(5)の語彙問題で、数度出題されています。1年で数度の出題ですからTOEIC的には重要な単語と言えます。他のパートではほとんど使われていません。「obstruct(妨害する)」、「intervene(介入する)」、など、選択肢には意味の似た単語が並んでいる場合が多いので、それぞれの違いを明らかにしておきましょう。名詞は「distraction」です。

【例文】The office was designed so that workers would not distract each other.
訳：オフィスは従業員がお互いの気をそらさないように、設計されました。

【参考】(1) obstruct　(3) distrust

第36問の答え　(2)効果的な

< effective >

[iféktiv]【形容詞】効果的な、有効な

【解説】ビジネスで頻繁に使う単語です。TOEICでもリスニング、リーディング、両セクションに頻繁に使われます。リーディングセクションのパート(5)で語彙問題として出題されることも多いです。名詞は「effectiveness(有効性)」で、副詞は「effectively(効果的に)」ですが、effectivenessもeffectivelyもパート(5)で出題されたことがあります。

【例文】An effective means to reduce the corporate debt must be found immediately.
訳：会社の負債を減らす効果的な方法をすぐに見つけなければなりません。

【参考】(1) eager　(3) informative

第37問

< performance >

この単語の、もっとも適切な日本語を選びなさい。

(1) 完成

(2) 現象

(3) 業績

第38問

< close >

この単語の、もっとも適切な日本語を選びなさい。

(1) 混雑した

(2) 交差した

(3) 近い

第37問の答え　　（3）業績

< performance >

[pərfɔ́:rməns]【名詞】業績、実績、演奏

【解説】ビジネスでは「業績、実績」という意味で、日常生活では「演奏」という意味でよく使う単語です。パート(5)の語彙問題でも、「業績」「演奏」両方の意味で別々に出題されました。パート(5)以外でもリスニングセクションではよく「演奏」という意味で使われます。パート(7)の長文読解問題で出る場合は「業績」という意味で使われることが多いです。両方の意味と使い方を覚えておきましょう。動詞は「perform」です。

【例文】Your work performance will be evaluated by your superior before the bonus period to determine how much you will receive.
訳：どのくらいのボーナスを受け取るかを決めるために、あなたの業績はボーナス期の前に上司によって評価されるでしょう。
【参考】（1）completion　　（2）phenomenon

第38問の答え　　（3）近い

< close >

[klóus]【形容詞】近い、接近した、親しい、緊密な

【解説】「close friend（親友）」など、日常生活でよく使う単語です。リスニングセクション、リーディングセクションともによく使われる単語です。特にパート(5)の文法問題での出題が多いです。形容詞の close を入れさせる問題として「close colleague」という表現で出題されたり、「close to ～」の to を入れさせる問題などの形で出題されています。動詞の「close（閉める）」も同じ綴りですが、ただし発音は [klóuz] になります。
【類】adjacent
【例文】It is close to the deadline so we must work faster.
訳：締め切りが近いのでもっと急いで仕事をしなければなりません。
【参考】（1）crowded　　（2）cross

第 39 問

< secure >

この単語の、もっとも適切な日本語を選びなさい。

(1) 調達する

(2) 確保する

(3) 達成する

第 40 問

< replacement >

この単語の、もっとも適切な日本語を選びなさい。

(1) 転任

(2) 定期刊行物

(3) 取替え

第39問の答え　(2) 確保する

< secure >

[sikjúər]【動詞】確保する、保証する、手に入れる、請け合う

【解説】ビジネスで頻繁に使う単語です。TOEICでもリスニング、リーディング、両セクションに時々使われます。いろいろな意味があるので覚えにくいかと思いますが、ビジネスで頻繁に使われる単語なのでそれぞれの意味を覚えておきましょう。形容詞も同じ secure で「安全な、確実な」という意味です。リーディングセクションパート(5)で、in a secure manner という表現で出題されたことがあります。副詞は「securely」です。
【例文】His father secured a seat on the New York Stock Exchange.
訳：彼の父親はニューヨーク証券取引所での地位を確保しました。
【参考】(1) procure　(3) achieve

第40問の答え　(3) 取替え

< replacement >

[ripléismənt]【名詞】取替え、取替え品、交替要員

【解説】ビジネスで頻繁に使う単語です。リスニング、リーディング、両セクションによく使われます。物を取り替える場合だけでなく、人を取り替えるという人事的な意味でも使われ、TOEICにも両方の意味で出ます。パート(5)や(6)の語彙問題として出題されたこともある単語です。動詞は「replace (取り替える、後任となる)」でやはりビジネス重要単語で、replace A with B の形で使います。
【例文】If there is a defect in the new TV set, the store promised a replacement.
訳：新しいテレビに欠陥があれば小売店は交換をすると約束しました。
【参考】(1) transfer　(2) periodical

第 41 問

< be entitled to >

この熟語の、もっとも適切な日本語を選びなさい。

(1) ～に専心して

(2) ～に昇進する

(3) ～の資格がある

第 42 問

< be subject to >

この熟語の、もっとも適切な日本語を選びなさい。

(1) ～の責任がある

(2) ～を受けなければならない

(3) ～の代理で

第41問の答え (3) ～の資格がある

< be entitled to >

【熟語】～の資格がある、～の権利がある

【解説】ビジネスでよく使う熟語です。パート(2)や(3)で有給休暇が何日あるとか、いつとれるか、といった休暇関連の話が出ることがありますが、そのような話の中で使われることがある単語です。またリーディングセクションのパート(5)の空欄補充問題で出題されたこともあります。be entitled to の to のうしろは動詞の原形です。TOEIC 的には重要な熟語です。

【例文】Because I have already paid, I am entitled to receive the product.
訳：私はすでに支払いを済ませているので、製品を受け取る権利があります。

【参考】(1) be committed to　(2) be promoted to

第42問の答え (2) ～を受けなければならない

< be subject to >

【熟語】～を受けなければならない、受けやすい、条件とする

【解説】ビジネスで頻繁に使う熟語です。リスニング、リーディング、両セクションを通して時々出ます。be subject to のうしろに続けられる単語を選ぶ問題として、パート(5)で出題されたこともありますし、パート(4)の説明文やパート(7)の長文読解でも時々出ます。TOEIC 的にも重要な熟語です。

【例文】Payment of the insurance benefits is subject to approval of headquarters.
訳：保険金の支払いは本社の承認を受ける必要があります。

【参考】(1) be liable for　(3) on behalf of

第 43 問

< resident >

この単語の、もっとも適切な日本語を選びなさい。

(1) 歩行者

(2) 邸宅

(3) 居住者

第 44 問

< indicative >

この単語の、もっとも適切な日本語を選びなさい。

(1) 指示する

(2) 不便な

(3) 無限の

第43問の答え　(3) 居住者

< resident >

[rézidənt]【名詞】居住者、在住者

【解説】TOEIC ではリスニング、リーディングセクション全般を通して時々出る単語です。パート(5)の語彙問題で「residence (住宅、邸宅)」が近年出題されています。覚えておきましょう。動詞は「reside (住む)」で、resident や residence に比べると出題頻度は少ないですが、パート(5)の語彙問題で間違いの選択肢として出ることもある単語です。

【例文】We regret to inform you that you are not qualified to receive the discount because you are not a resident of this state.
訳：誠に残念ですが、あなたはこの州の居住者ではないので割引を受ける資格がないことをお伝えします。

【参考】(1) pedestrian　(2) residence

第44問の答え　(1) 指示する

< indicative >

[indíkətiv]【形容詞】指示する、暗示する

【解説】パート(5)の語彙問題で、「be indicative of」の形で indicative を入れるという問題で出題されたことがあります。indicative は動詞「indicate (指示する)」の形容詞です。動詞の indicate を入れる問題も出題されたことがあります。動詞の indicate のうしろに節がくる場合には、「indicate that S (主語) + V (動詞)」の形になります。名詞は「indication」です。

【例文】These figures in the account are indicative of the careless way in which money is being spent.
訳：口座のこれらの数字は、不注意にお金が使われているということを示しています。

【参考】(2) inconvenient　(3) infinite

第 45 問

< vary >

この単語の、もっとも適切な日本語を選びなさい。

(1) 確認する

(2) 変わる

(3) 宣伝する

第 46 問

< mutual >

この単語の、もっとも適切な日本語を選びなさい。

(1) 相互の

(2) 市長の

(3) 地方自治の

第45問の答え　(2) 変わる

< vary >

[véəri]【動詞】変わる、異なる、変える

【解説】日常的によく使う単語です。TOEICではリーディングセクションで出ることがあります。最近では熟語として「vary from ～ to ～ (～によって異なる)」の表現の中のtoを問う問題がパート(5)で取り上げられました。「vary from ～ to ～」はよく使う表現です。覚えておきましょう。

【派】various (形)　【類】alter, change

【例文】Different accessories can be used to vary a basic black dress.
訳：ベーシックな黒いドレスに変化を添えるためにさまざまなアクセサリーが使われます。

【参考】(1) confirm　(3) promote

第46問の答え　(1) 相互の

< mutual >

[mjú:tʃuəl]【形容詞】相互の、双方の

【解説】日常的にもビジネスにも頻繁に使う単語です。「mutual understanding (相互理解)」「mutual trust (相互信頼)」「mutual interest (相互利益)」などの表現でTOEICでもよく使われます。リーディングセクション、特にパート(5)や(7)の長文読解で使われやすい単語です。

【派】mutually (副)

【例文】Trade between countries can be for mutual benefit.
訳：国家間の貿易は相互の利益になり得ます。

【参考】(2) mayoral　(3) municipal

第47問

< surrounding >

この単語の、もっとも適切な日本語を選びなさい。

(1) 周囲の

(2) 実質的な

(3) 致命的な

第48問

< respective >

この単語の、もっとも適切な日本語を選びなさい。

(1) 責任のある

(2) 敬って

(3) それぞれの

【4章 パート5・6によく出る単語・熟語】 243

第47問の答え　(1) 周囲の

< surrounding >

[səráundiŋ]【形容詞】周囲の

【解説】日常的によく使う単語ですが、ニュースなどでも頻繁に使われます。TOEICではリスニング、リーディング、両セクションに時々出る単語です。リーディングセクションのパート(5)で語彙問題として出題されたこともあります。「surrounding area（周辺地域）」で覚えておくと便利です。「surrounding environment（周辺環境）」という表現もよく使います。名詞も同じ「surrounding」です。動詞は「surround」です。

【例文】The chemical factory was criticized by the surrounding community for the smoke emitted.
訳：化学工場は排出される煙のことで周辺住民から非難されました。

【参考】(2) substantial　(3) fatal

第48問の答え　(3) それぞれの

< respective >

[rispéktiv]【形容詞】それぞれの

【解説】日常的にもビジネスにもよく使う単語です。頻繁に使う単語なので、英語に慣れている方は知っているはずです。パート(5)で語彙問題として出題されたこともある単語です。respectiveの直後に来る名詞は複数形になります。副詞の「respectively（それぞれ）」もパート(7)の長文読解などで時々使われる単語です。

【例文】The flight attendant asked people to hand in their respective headphones.
訳：客室乗務員は乗客にそれぞれのヘッドフォンを持ち帰らずに渡すようにと頼みました。

【参考】(1) responsible　(2) respectful

第 49 問

< dispose >

この単語の、もっとも適切な日本語を選びなさい。

(1) 処分する

(2) 思う

(3) もがく

第 50 問

< notice >

この単語の、もっとも適切な日本語を選びなさい。

(1) 証拠

(2) 名声

(3) 通知

第49問の答え　（1）処分する

< dispose >

[dispóuz]【動詞】処分する、配置する

【解説】日常的にも、ビジネスにも、よく使う単語です。リスニング、リーディング、両セクションに時々出ます。パート(5)や(6)で出ることもあり、その場合「dispose of (〜を処分する)」で出ることが多いです。頻度は高くありませんが、名詞の「disposal (処分、思い通りにできること)」も出ます。「at one's disposal (〜の自由になる)」も出ることがあるので覚えましょう。

【派】disposable (形)

【例文】The waste products from the factory are disposed into the river.

訳：工場から出る廃棄物は川へ捨てられます。

【参考】(2) suppose　(3) struggle

第50問の答え　（3）通知

< notice >

[nóutəs]【名詞】通知、予告

【解説】日常的にもビジネスにもよく使う単語です。リスニング、リーディング、両セクションに頻繁に使われる単語です。パート(5)の空欄補充問題では、「without notice」「one month notice」などの表現が数度出題されました。契約書などで「契約を破棄する場合には何ヶ月前に通知を」という文章に「without notice」「one month notice」などの表現が使われます。

【派】noticeable (形)　【類】announcement

【例文】A notice announcing the next meeting was posted on the bulletin board.

訳：次のミーティングを知らせる通知が掲示板に貼られました。

【参考】(1) evidence　(2) fame

第51問

< allow >

この単語の、もっとも適切な日本語を選びなさい。

(1) 許す

(2) 従う

(3) 正当化する

第52問

< specifically >

この単語の、もっとも適切な日本語を選びなさい。

(1) 確実に

(2) 特に

(3) 十分に

第51問の答え　(1) 許す

< allow >
[əláu]【動詞】許す、認める

【解説】リスニング、リーディング、両セクションによく出ます。パート(2)や(3)で出ることが多く、リーディングセクションではパート(5)で時々出ます。パート(5)は「allow + 目的語 + to do(…に～をすることを許す)」の to を入れる問題として、また to のうしろの動詞の原形部分を問う問題としても出ます。
【派】allowance(名)　【類】permit
【例文】Because of the very large crowd of people inside the department store, only 50 people at a time were allowed into the store.
訳：デパートは大変混雑していたので、一度に50人ずつしか入店できないことになりました。
【参考】(2) follow　(3) justify

第52問の答え　(2) 特に

< specifically >
[spəsífikəli]【副詞】特に、明確に

【解説】日常的に頻繁に使う単語です。TOEIC ではリスニングセクションにも出ますが、リーディングセクションのパート(5)で語彙問題として、また品詞問題として時々出題される単語です。形容詞の「specific(特定の、特有の)」も時々出ます。一緒に覚えましょう。
【派】specify(動)　specification(名)
【例文】This large refrigerator was made specifically for restaurants and cannot be used in the home.
訳：この大型冷蔵庫は特にレストラン用に作られており、家庭では使えません。
【参考】(1) surely　(3) sufficiently

第 53 問

< through >

この単語の、もっとも適切な日本語を選びなさい。

(1) ～の中を通って

(2) を越えて

(3) ～以内に

第 54 問

< colleague >

この単語の、もっとも適切な日本語を選びなさい。

(1) 同僚

(2) 大学

(3) 協力

第53問の答え　(1) ～の中を通って

< through >

[θru:]【前置詞】～の中を通って、～を通じて、～まで(ずっと)

【解説】誰もが知っている単語だと思います。リスニング、リーディング両セクションに時々出る単語です。パート(5)の語彙問題で「through internet(インターネットで)」「pass through(通り抜ける)」という形で出題されたこともあります。through には形容詞も副詞もあり、形容詞は「直通の、通しの」という意味で、副詞は「通り抜けて、初めから終わりまでずっと」という意味です。

【例文】Advertising for the new product will be carried out from January through February.
訳：新しい製品の宣伝は1月から2月にかけて行なわれるでしょう。

【参考】(2) over　(3) within

第54問の答え　(1) 同僚

< colleague >

[káli:g]【名詞】同僚、仲間

【解説】ビジネスでよく使う単語です。TOEIC頻出単語の一つです。リスニング、リーディング両セクションに頻繁に使われます。パート(5)でも何度も出ています。colleague 自体は問題にはなりませんでしたが、colleague という単語をヒントに、「close colleague (親しい同僚)」の「close」を選ばせたり、「colleague of mine (私の同僚)」の「mine」を選ばせたりする問題として出題されました。

【例文】The colleagues in my section were very cooperative.
訳：私の部の同僚は大変協力的でした。

【参考】(2) college　(3) cooperation

第 55 問

< be eligible to >

この熟語の、もっとも適切な日本語を選びなさい。

(1) ～する資格がある

(2) ～する傾向がある

(3) ～に適している

第 56 問

< essential >

この単語の、もっとも適切な日本語を選びなさい。

(1) 高価な

(2) 極めて重要な

(3) 信じられない

【4章 パート5・6によく出る単語・熟語】 251

第55問の答え (1) ～する資格がある

< be eligible to >

【熟語】～する資格がある

【解説】「休暇をとる資格がある」とか「保険の支払いを受給する資格がある」などビジネスでよく使う熟語です。TOEICではリスニングセクションのパート(2)や(3)で使われることがあります。またリーディングセクションのパート(5)で熟語問題として過去に数度出題されたこともあります。TOEIC重要熟語の一つです。

【例文】Only those customers who apply at least one month in advance are eligible to receive the discount.
訳：1ヵ月以上前に申し込んだお客様だけが割引対象となります。

【参考】(2) be apt to (3) be suitable to

第56問の答え (2) 極めて重要な

< essential >

[isénʃl]【形容詞】極めて重要な、必須の

【解説】TOEICではリスニング、リーディング、両セクションによく使われる形容詞です。全パートで使われますが、リーディングセクションのパート(5)で語彙問題として出題されたこともあります。重要な単語です。

【派】essence（名） essentially（副） **【類】**vital, requisite

【例文】Those materials are essential for meeting the requirements of the contract.
訳：それらの資料は、契約の要件をかなえるために不可欠です。

【参考】(1) expensive (3) incredible

第 57 問

< enthusiastic >

この単語の、もっとも適切な日本語を選びなさい。

(1) 教育を受けた

(2) 熱心な

(3) お気に入りの

第 58 問

< regardless of >

この熟語の、もっとも適切な日本語を選びなさい。

(1) ～の代わりに

(2) ～に関係なく

(3) ～の理由で

第57問の答え　(2) 熱心な

< enthusiastic >

[enθùːziǽstik] 【形容詞】熱心な、熱狂的な

【解説】TOEICではリスニング、リーディング、全パートを通してよく使われる単語です。特にパート(5)の文法問題で出ることが多く、それも品詞の問題として出題されることが多いです。パート(7)の長文読解で使われることもあります。意外に知らない人が多い単語です。名詞は「enthusiasm」です。

【例文】The president felt the workers should be more enthusiastic about the new product so he increased bonuses for those who worked harder on the new product.
訳：社長は従業員は新製品についてもっと熱心でなければならないと思ったので、より一生懸命に新製品の仕事に取り組んだ者へのボーナスを増やしました。

【参考】(1) educated　(3) favorite

第58問の答え　(2) ～に関係なく

< regardless of >

【熟語】～に関係なく、～にかかわらず

【解説】「regardless of age (年齢に関係なく)」や、「regardless of gender (性別に関係なく)」など日常的に頻繁に使われる熟語です。TOEICでもリーディングセクションのパート(5)の熟語問題として過去に数度出題されました。

【例文】Payment must be made before the first of the month regardless of personal circumstances.
訳：個人の都合に関係なく、支払いは月初前になされなければなりません。

【参考】(1) instead of　(3) because of

第59問

< critical >

この単語の、もっとも適切な日本語を選びなさい。

(1) 批判的な

(2) 臨床の

(3) 犯罪の

第60問

< acknowledge >

この単語の、もっとも適切な日本語を選びなさい。

(1) 獲得する

(2) 認める

(3) 成し遂げる

第59問の答え　(1) 批判的な

< critical >

[krítikl]【形容詞】批判的な、重要な、決定的な

【解説】「批判的な」と「重要な」で出ることがあるので、両方覚えましょう。それぞれの意味で、リスニング、リーディング、両セクションによく出ます。批判的なという意味の critical はパート(5)で「be critical of ~ (~に批判的である)」という表現を問う問題として出題されたことがあります。

【派】criticize (動)　critic (名)　criticism (名)

【例文】The young employee was very upset when his boss was critical of the work on which he had spent many hours.
訳：若い従業員は、彼が何時間も費やした仕事に対して上司が批判的であった時に、大変憤慨しました。

【参考】(2) clinical　(3) criminal

第60問の答え　(2) 認める

< acknowledge >

[əknálidʒ]【動詞】認める、知らせる、同意する

【解説】日常的にもビジネスにも頻繁に使う単語です。パート(5)で語彙問題として出題されたこともありますし、パート(7)で毎回出る、社内メールや顧客に宛てた手紙でも使われます。名詞「acknowledgement (承認、認知)」も時々出ます。acknowledge も acknowledgement も大事な単語です。

【類】admit

【例文】This letter acknowledges receipt of payment from you and extends our appreciation for your promptness in this matter.
訳：この手紙により、お客様のお支払いの受領を確認したことをお知らせするとともに、この件に関しまして迅速な対応に感謝申し上げます。

【参考】(1) acquire　(3) achieve

第 61 問

< obstruct >

この単語の、もっとも適切な日本語を選びなさい。

(1) (気を)そらす

(2) 教える

(3) 妨害する

第 62 問

< diverse >

この単語の、もっとも適切な日本語を選びなさい。

(1) 防御的な

(2) 多様な

(3) 逆の

第61問の答え (3) 妨害する

< obstruct >

[əbstrʌ́kt] 【動詞】妨害する、ふさぐ

【解説】日常的によく使う単語です。TOEICではリーディングセクションのパート(5)で語彙問題として最近出題されたことがあります。「distract（気をそらす）」と間違える人がいるので違いを明らかにしておきましょう。

【派】obstruction（名） obstructive（形） 【類】block, interfere

【例文】The large crane being moved to another construction site obstructed traffic.

訳：他の建設現場に移動中の大きなクレーンは交通を妨害しました。

【参考】(1) distract (2) instruct

第62問の答え (2) 多様な

< diverse >

[dəvə́ːrs] 【形容詞】多様な、様々な

【解説】パート(5)の語彙問題で数度出題されたことのある形容詞です。名詞の「diversity（多様性）」「diversification（多様化）」と動詞の「diversify（多様化する）」も覚えましょう。diversityはアメリカの企業のIRページやパンフレットなどに頻繁に使われる単語です。

【類】various

【例文】The diverse composition of early childhood classrooms brings many challenges as well as many opportunities to educators.

訳：幼児クラスの多様な構成は、教育者に多くの機会と課題を与えます。

【参考】(1) defensive (3) reverse

第 63 問

< make improvements >

この熟語の、もっとも適切な日本語を選びなさい。

(1) 進む

(2) 調べる

(3) 改良する

第 64 問

< rapid >

この単語の、もっとも適切な日本語を選びなさい。

(1) 迅速な

(2) 堅固な

(3) 突然の

第63問の答え　（3）改良する

< make improvements >

【熟語】改良する、改善する

【解説】ビジネスでよく使う熟語です。リスニング、リーディング、両セクションに時々出題されます。パート(5)やパート(6)の空欄補充問題で出ることのある熟語です。make が問われる場合もあれば improvements が問われる場合もあります。

【例文】Because there were many complaints from customers, we decided to make improvements in our delivery system.

訳：顧客からの苦情が多かったので、私達は配送システムを改善することにしました。

【参考】（1）make progress　（2）make investigation

第64問の答え　（1）迅速な

< rapid >

[rǽpid]**【形容詞】**迅速な、急な、速度が速い

【解説】TOEIC ではリーディングセクションでよく使われる単語です。特にパート(5)の語彙問題で時々出ます。副詞は rapidly で「急速に」という意味です。副詞の rapidly もパート(5)で時々出ますが語彙問題としてよりむしろ品詞の問題として出ることが多いです。

【類】prompt

【例文】The pharmaceutical company made rapid progress in developing a new drug for skin cancer.

訳：製薬会社は、皮膚がん用の新薬の開発で、急速な進歩をとげました。

【参考】（2）firm　（3）sudden

第 65 問

< be liable for >

この熟語の、もっとも適切な日本語を選びなさい。

(1) ～を条件とする

(2) ～に利用できる

(3) ～に責任を持つ

第 66 問

< proceed >

この単語の、もっとも適切な日本語を選びなさい。

(1) 延期する

(2) 処方する

(3) 手続きをする

第65問の答え　（3）〜に責任を持つ

< be liable for >

【熟語】〜に責任を持つ、〜の責任を負う

【解説】TOEICではリーディングセクションで時々出題される熟語です。最近のTOEICでもパート(5)で出題されました。「be responsible for」との区別がわからない、という人がいますが、法的に責任を持つ場合に使うのが「be liable for 〜（〜の責任がある）」です。契約関係や法的な意味で使われることが多い表現です。

【例文】If you sign a contract, you are liable for all the conditions contained within it.
訳：契約書に署名をしたら、契約書に含まれるすべての条件に対して責任があります。

【参考】（1）be subject to　（2）be available to

第66問の答え　（3）手続きをする

< proceed >

[prəsí:d]【動詞】手続きをする、続ける、進む

【解説】知らない人の多い単語ですが、日常的にもビジネスにもよく使う単語です。パート(4)の説明文や、パート(7)の長文読解で出ることがあります。派生語では、名詞の「proceeding（手続き）」がパート(5)の語彙問題で出題されたことがあります。最近は経済関連の英文が増えているせいか「proceeds（収益）」もパート(5)の語彙問題で出題されたことがあります。

【派】procedure（名）　process（名）

【例文】The ABC Corporation said it would proceed with the country's largest planned initial public offering this year.
訳：ABC社は、今年計画中の国内最大規模のIPO（新規株式公開）を進めると発表しました。

【参考】（1）postpone　（2）prescribe

第 67 問

< accommodate >

この単語の、もっとも適切な日本語を選びなさい。

(1) 伴う

(2) 収容する

(3) 刷新する

第 68 問

< in accordance with >

この熟語の、もっとも適切な日本語を選びなさい。

(1) 〜を伴って

(2) 〜に従って

(3) 〜と協力して

第67問の答え　(2) 収容する

< accommodate >

[əkάmədèit]【動詞】収容する、泊める、合わせる

【解説】リスニング、リーディング、両セクションで時々使われます。パート(5)の語彙問題で「収容する」という意味で出題されたことも、「accommodate the schedule (スケジュールに合わせる)」という表現で「合わせる」という意味の accommodate を選ばせる問題も出題されました。「収容する」は知っていても「合わせる」という意味は知らない人が多いのでは？

【派】accommodation (名)　【類】hold, contain

【例文】The ABC Hotel can accommodate groups of up to 10 by reservations.

訳：ABC ホテルは予約により、10名までのグループを泊めることができます。

【参考】(1) accompany　(3) innovate

第68問の答え　(2) ～に従って

< in accordance with >

【熟語】～に従って

【解説】よく使う熟語で、TOEIC ではリスニングセクションのパート(2)や(3)、リーディングセクションではパート(5)や(6)で熟語問題として出ることがあります。空欄に accordance の部分を入れさせる、with の部分を入れさせる、両方とも出るので、熟語の形をきちんとおさえておきましょう。リーディングセクションのパート(7)の長文読解で出ることもあります。

【例文】In accordance with the warranty, the company paid back the customer who was dissatisfied.

訳：保証書の規定に従い、会社は不満のある顧客にお金を払い戻しました。

【参考】(1) be accompanied by　(3) in cooperation with

第 69 問

< temporarily >

この単語の、もっとも適切な日本語を選びなさい。

(1) すぐに

(2) 定期的に

(3) 一時的に

第 70 問

< in exchange for >

この熟語の、もっとも適切な日本語を選びなさい。

(1) ～を担当して

(2) ～に従って

(3) ～の代わりに

第69問の答え　（3）一時的に

< temporarily >

[tèmpərérərili]【副詞】一時的に、仮に

【解説】日常的によく使う単語です。リスニング、リーディング、両セクションに出ますが、特にリーディングセクションのパート(5)で語彙問題として、また品詞問題として出題されることがあります。形容詞の「temporary（一時的な）」もパート(5)で語彙問題や品詞問題として出ることがあります。

【例文】Train service between the two stations will be temporarily suspended while work is done to replace the old tracks.

訳：二つの駅の間の電車の運行は、古い線路を交換する作業が行なわれる間、一時的に休止されるでしょう。

【参考】（1）immediately　（2）periodically

第70問の答え　（3）〜の代わりに

< in exchange for >

【熟語】〜の代わりに、〜と交換に

【解説】リーディングセクションのパート(5)で出題されたことのある熟語ですが、頻出熟語ではありません。「in exchange for〜」という熟語を知らなくても、「exchange（交換する）」を知っていればおおよその意味はつかめるのではないかと思います。パート(5)や(6)を解く際にはおおよその意味がわかれば解ける問題も多いので、想像しましょう。

【例文】The textile company offered the national clothing chain store a price reduction in exchange for advertising to be paid for by the chain store.

訳：繊維会社は、全国衣料チェーンストアに、広告費をチェーンストアが支払う代わりに、値引きをすると申し出ました。

【参考】（1）in charge of　（2）in accordance with

第71問

< be compliant with >

この熟語の、もっとも適切な日本語を選びなさい。

(1) ～を伴う

(2) ～に不満である

(3) ～に従う

第72問

< disappointing >

この単語の、もっとも適切な日本語を選びなさい。

(1) がっかりさせる

(2) 不利な

(3) 処分できる

第 71 問の答え　　（3）～に従う

< be compliant with >
【熟語】～に従う、～に準拠している

【解説】法律関連で頻繁に使われる熟語です。TOEIC ではリーディングセクションのパート(5)で何度か出題されています。名詞の compliance は「コンプライアンス」とカタカナで書いて日本語として多くの企業で使われています。

【例文】The company's finished product is compliant with all the requirements for safety required by law.
訳：企業の製品は法律で求められているすべての安全条件に従っています。

【参考】（1）be accompanied by　（2）be dissatisfied with

第 72 問の答え　　（1）がっかりさせる

< disappointing >
[dìsəpɔ́intiŋ]【形容詞】がっかりさせる、期待はずれの

【解説】日常会話で頻繁に使う単語です。パート(2)や(3)で出ることが多いです。リーディングセクションではパート(5)の空欄補充問題で出ることがあります。「売上げ」が主語の時に、disappointed か、disappointing かというタイプの問題です。正解は disappointing です。

【派】disappointment（名）　disappoint（動）

【例文】The research laboratory spent one month on the project, but the results were disappointing.
訳：研究所はプロジェクトに1ヶ月を費やしましたが、結果はがっかりするものでした。

【参考】（2）disadvantageous　（3）disposable

第73問

< prompt >

この単語の、もっとも適切な日本語を選びなさい。

(1) 繁栄している

(2) 迅速な

(3) 見込みのある

第74問

< alleviate >

この単語の、もっとも適切な日本語を選びなさい。

(1) 軽減する

(2) 割り当てる

(3) 活発にする

【4章 パート5・6によく出る単語・熟語】 269

第73問の答え　(2) 迅速な

< prompt >

[prámpt]【形容詞】迅速な、素早い

【解説】日常的によく使う単語です。TOEICでもリスニング、リーディング、両セクションを通してよく出ます。リーディングセクションのパート(5)では語彙問題として出題されることもありますが、品詞問題として出題されることもあります。副詞の「promptly（迅速に、直ちに）」もよく出ます。一緒に覚えておきましょう。
【類】rapid
【例文】The division chief wrote to his customer and thanked him for his prompt payment.
訳：部長は顧客に手紙を書き、迅速な支払いに感謝しました。
【参考】(1) prosperous　(3) prospective

第74問の答え　(1) 軽減する

< alleviate >

[əlí:vièit]【動詞】軽減する、緩和する

【解説】ビジネス関連のレポートや経済ニュースなどで頻繁に使う単語です。パート(4)の説明文やパート(7)の長文読解で出ることがあります。パート(5)で語彙問題として出題されたこともあります。TOEICでは「貿易摩擦を緩和する」などのようにビジネス関連の英文で使われることが多いです。
【派】alleviation（名）
【例文】Both Tokyo and Beijing showed support for the contribution to alleviate the Iraqi debts which total 120 billion dollars.
訳：中国政府と日本政府は1200億ドルにのぼるイラクの債務を軽減するための支援を行なう構えを示しました。
【参考】(2) allocate　(3) activate

第75問

< valid >

この単語の、もっとも適切な日本語を選びなさい。

(1) 有効な

(2) 価値の高い

(3) 変わりやすい

第76問

< enrollment >

この単語の、もっとも適切な日本語を選びなさい。

(1) 環境

(2) 入学(者数)

(3) 雇用

第75問の答え　（1）有効な

< valid >

[vǽlid]【形容詞】有効な、妥当な

【解説】日常的にもビジネスにもよく使う単語です。リスニング、リーディング、両セクションによく出題されます。リスニングセクションでは、商品の保証期間に関する英文で「3ヶ月間有効な」というような表現で使われることが多いです。パート(5)で、「〜の間有効な」という場合に使う「valid for 〜」という表現の前置詞 for を問う問題も出題されています。

【派】validity（名）　【類】effective

【例文】U.S. citizens entering Canada from a third country must have a valid passport.

訳：第三国からカナダに入国するアメリカ国民は有効なパスポートを所持していなければなりません。

【参考】(2) valuable　(3) variable

第76問の答え　（2）入学（者数）

< enrollment >

[enróulmənt]【名詞】入学（者数）

【解説】TOEFL は大学や大学院受験のためのテストなので、enrollmentのような入学や申請に関する単語が頻繁に出ます。TOEICはビジネス関連の単語がよく出ます。ただ、TOEFLもTOEICも同じETSが作成しているので、TOEFLに出る単語がTOEICに出る場合も多く、enrollmentもそのひとつです。リーディングセクションで使われることが多いですが、パート(5)の語彙問題として出題されたこともあります。

【派】enroll（動）

【例文】The enrollment of the school reached its peak capacity.

訳：学校の入学者数は受け入れ可能な人数の上限に達しました。

【参考】(1) environment　(3) employment

第 77 問

この単語の、もっとも適切な日本語を選びなさい。

(1) 持続期間

(2) 耐久性

(3) 義務

第 78 問

< business contacts >

この単語の、もっとも適切な日本語を選びなさい。

(1) 仕事上のコネ

(2) 営業日

(3) 景気循環

第77問の答え　(1) 持続期間

[djuəréiʃən]【名詞】持続期間(時間)、存続期間(時間)

【解説】入院期間や保険期間、などのように「持続期間」を表す際によく使う単語です。パート(5)で語彙問題として出題されたことがあります。少し難しい単語ですが、金融関係の仕事をしている人は債券の期間を表す際に頻繁に使う単語なので、ご存知の方は多いかと思います。TOEICの語彙問題もビジネス系のものが増えています。普段からビジネス関連の英文や経済記事を読むようにしましょう。

【例文】For the remaining duration of his presidency, the president will concentrate on diplomatic relations.
訳：残りの大統領在位期間、大統領は外交関係に集中するつもりです。

【参考】(2) durability　(3) duty

第78問の答え　(1) 仕事上のコネ

< business contacts >

【名詞】仕事上のコネ、取引相手

【解説】ビジネスでよく使われる表現です。TOEICではリーディングセクションのパート(5)で、contactsを入れさせる問題として、過去に出題されたこともあります。覚えておくと仕事でも使えます。

【例文】He is a friendly man so he has many business contacts in the city.
訳：彼は親切な男性なので、市内に多くの仕事上のコネを持っています。

【参考】(2) business day　(3) business cycle

第 79 問

< means >

この単語の、もっとも適切な日本語を選びなさい。

(1) 意味

(2) 手段

(3) マスコミ

第 80 問

< penetration >

この単語の、もっとも適切な日本語を選びなさい。

(1) 浸透

(2) 人口

(3) 年金

【4章 パート5・6によく出る単語・熟語】 275

第79問の答え　(2) 手段

< means >

[mí:nz]【名詞】手段、方法

【解説】日常生活でよく使う単語です。TOEICではパート(5)や(6)の語彙問題で出ることがあります。選択肢に似た語の「meaning（意味）」などがあり迷わせる、という問題で出題されることが多いです。パート(5)や(6)以外でも、リスニングセクションのパート(2)や(3)でもよく使われる単語です。

【類】way, method

【例文】The quickest means of getting to the hotel is by taxi.
訳：もっとも早くホテルに着く方法はタクシーを使うことです。

【参考】(1) meaning　(3) media

第80問の答え　(1) 浸透

< penetration >

[pènətréiʃən]【名詞】浸透、侵食度

【解説】ビジネス、特にマーケティングでよく使う単語です。パート(4)の説明文やパート(7)の長文読解で出ることもあります。特定の製品の市場浸透度を表す場合に頻繁に使われる単語です。全パートを通して年々ビジネス関連の英文が増えているので、今後はこのような単語は重要になると思います。

【派】penetrate（動）

【例文】China is a vast market and our product has been unable to make a penetration into this potentially lucrative market.
訳：中国は巨大市場で、我々の製品はこの収益性の高い可能性を秘めている市場に浸透することはできていません。

【参考】(2) population　(3) pension

第 81 問

< productivity >

この単語の、もっとも適切な日本語を選びなさい。

(1) 生産性

(2) 能力

(3) 調達

【4章 パート 5・6 によく出る単語・熟語】 277

第81問の答え　　（1）生産性

< productivity >

[pròudʌktívəti]【名詞】生産性、生産力

【解説】生産性の向上はどの企業でも大きな関心事であり、さまざまな努力をしているため、ビジネス必須単語となっています。TOEIC必須単語でもあります。リスニング、リーディング、両セクション全般に頻繁に出ます。特にパート(5)で語彙問題として時々出題されるので使い方を覚えておきましょう。TOEIC頻出単語である「produce(生産する、製造する)」の派生語です。

【例文】Music was played in the factory in order to improve productivity.
訳：生産性を高めるために工場で音楽が流されました。

【参考】（2）capability　（3）procurement

単語コラム

──「音声版」の録音風景──

　8月1日2日の2日間、本書の単語と英文の録音が行なわれました。

　英文の読み上げは、ケネス先生にお願いしました。

　編集スタッフの「まず単語を読んで、それから英文をゆっくりめのスピードと、普通のスピードで2回読んでください」という指示のもと、録音はスムーズに進みました。

　立ち会ってくださったプロデューサーが、

「すごいですね。英文の録音にいろいろ立ち会ったけれど、こんなにスムーズに進むのは初めてです。それに、読み間違いもほとんどないし」

とおっしゃるほどでした。

　ケネス先生は慣れているので、間の取り方も速さもよく心得ています。

　真夏の録音だったせいもあり、スタジオ内が乾燥していてのどを痛めやすいということで、10センテンス録音しては数分間の休憩を繰り返しました。冷房の音が入らないように録音中はスタジオ内の冷房は切っているので、息苦し

単語コラム

いだけでなく暑いらしいのです。

休憩時間に、エンジニアの方が録音音声を流してチェックするのですが、その音を聞いていたケネス先生が、

「こうして改めて聞くと、私の発音ってきれいだねえ!!」

と笑いながらおっしゃいました。ケネス先生とは20年近いおつきあいになりますが、たしかにきれいな発音です。高校生までハワイで育ち、上流家庭の子息しか行けない授業料の高い学校に小学生の頃から入れられたらしく、よく「アメリカの東部の出身ですか？」と聞かれるそうです。そういう学校の先生は東部出身のインテリばかりなので、その影響だとご本人はおっしゃっています。

15〜20年前の話になりますが、ケネス先生の録音テープ付きの本は、受験生を中心にかなり売れました。高校が学校の副読本としてまとめて買ってくれたらしく、30冊余り出したどの本も3万部は売れたとのことです。

知る人ぞ知る有名な先生ですが、偉ぶることのない素敵な先生です。

5章

パート7によく出る単語・熟語

【パート7】

リーディングセクション、パート7の「読解問題」によく出る単語と熟語を集めました。パート4にもパート7にも出る少し難しめの単語、ビジネス関連の単語が多いです。

第1問

< transaction >

この単語の、もっとも適切な日本語を選びなさい。

(1) 運送

(2) 取引

(3) 手続き

第2問

< property >

この単語の、もっとも適切な日本語を選びなさい。

(1) 見込み

(2) 代理人

(3) 財産

第1問の答え　(2) 取引

< transaction >

[trænsǽkʃən]【名詞】取引、処理

【解説】ビジネスで頻繁に使う単語です。TOEICでもリスニング、リーディング、両セクションに頻繁に出る単語で、TOEIC重要単語の一つです。「処理」や「取り扱い」という意味もありますが、TOEICに出るのは「取引」という意味です。動詞は「transact（取引する）」ですが、TOEICでは名詞のtransactionの方がよく出ます。
【類】deal
【例文】The business transaction took more than 2 hours.
訳：商談取引は2時間以上かかりました。
【参考】(1) transportation　(3) procedure

第2問の答え　(3) 財産

< property >

[prάpərti]【名詞】財産、資産、不動産

【解説】ビジネスで頻繁に使う単語です。TOEICでもリスニング、リーディング、両セクションに頻繁に出ます。リーディングセクションのパート(7)の長文読解にもよく使われます。財産、資産、不動産、すべての意味を覚えておきましょう。それぞれの意味ともよく使われます。
【類】possessions
【例文】Investment in property has traditionally been safe but today it is not so due to speculation.
訳：不動産への投資は安全だと言われてきましたが、投機が行なわれるせいで今日ではそうではありません。
【参考】(1) prospect　(2) agent

第3問

< renew >

この単語の、もっとも適切な日本語を選びなさい。

(1) 更新する

(2) 修復する

(3) 取り除く

第4問

< enclose >

この単語の、もっとも適切な日本語を選びなさい。

(1) 同封する

(2) 促す

(3) 出会う

第3問の答え　(1) 更新する

< renew >
[rinú:]【動詞】新しくする、更新する、回復する

【解説】パート(7)の長文読解の手紙文で「定期購読物の更新」に関する英文が出ると必ず使われる単語です。そのような英文では、「subscribe（定期購読する）」や「subscription（定期購読契約）」などの単語と一緒に出ることが多いです。「renew the contract（契約を更新する）」のような英文でもよく使われます。

【派】 renewal（名）　**【類】** update

【例文】 I sent payment to renew my subscription to the world famous magazine.
訳：世界的に有名な雑誌の定期講読を更新しようと購読料を送付しました。

【参考】(2) renovate　(3) remove

第4問の答え　(1) 同封する

< enclose >
[enklóuz]【動詞】同封する

【解説】TOEIC重要単語の一つです。パート(7)の長文読解でビジネスレターが毎回3～4題出題されますが、その中に「請求書を同封する」などの表現があることが多く、そのような場合に使われることの多い単語です。パート(5)の語彙問題で「enclosed postage-paid card」という表現が出て、enclose の分詞の形を問うという問題も時々出題されます。

【派】 enclosure（名）

【例文】 You must complete the application form, and enclose the appropriate fee.
訳：申込み書に記入し、適性な額の料金を同封しなければなりません。

【参考】(2) encourage　(3) encounter

第 5 問

< predict >

この単語の、もっとも適切な日本語を選びなさい。

(1) 防ぐ

(2) 予測する

(3) 祈る

第 6 問

< finance >

この単語の、もっとも適切な日本語を選びなさい。

(1) 資金を調達する

(2) 終了させる

(3) 金を貸す

第5問の答え　(2) 予測する

< predict >

[pridíkt]【動詞】予測する

【解説】日常生活でも使いますが、特にビジネス関連のレポートや経済ニュースで頻繁に使われる単語です。パート(4)の説明文や、パート(7)の長文読解などで、経済予測やビジネス状況などの予測に関する英文でよく使われます。ビジネス必須単語でありTOEIC必須単語です。TOEIC重要単語である「forecast」「estimate」とほぼ同じ意味です。
【派】prediction（名）
【例文】The economist predicted that consumer spending would decrease because of new taxes.
訳：エコノミストは、新しい税金のために消費者支出が減少するだろうと予測しました。
【参考】(1) prevent　(3) pray

第6問の答え　(1) 資金を調達する

< finance >

[fáinæns]【動詞】資金を調達する、融資する

【解説】ビジネス必須単語です。TOEIC必須単語の一つでもあります。最近はTOEICでもビジネス系の内容が増えているので、資金調達や融資に関する英文は多く出ます。パート(3)の会話文や、パート(4)の説明文、パート(7)の長文読解でよく出ます。同じつづりの名詞「finance（資金、融資）」もよく出ます。
【派】financial（形）　【類】fund
【例文】The fledgling company had difficulty persuading the bank to finance expansion.
訳：かけ出しの会社は、業務拡大への融資を銀行に説得するのに苦労しました。
【参考】(2) finalize　(3) loan

第7問

< modify >

この単語の、もっとも適切な日本語を選びなさい。

(1) 和らげる

(2) 修正する

(3) 修理する

第8問

< decline >

この単語の、もっとも適切な日本語を選びなさい。

(1) 宣言する

(2) 区別する

(3) 断る

第7問の答え　(2) 修正する

< modify >

[mάdəfài]【動詞】修正する、変更する

【解説】ビジネスでよく使う単語です。TOEICではリスニングセクションのパート(3)の会話文や、リーディングセクションのパート(7)の長文読解で時々出ます。ビジネス関連の英文ではよく使われる単語ですが、意外に知らない人が多いです。名詞の「modification (修正、変更)」も時々出ます。
【類】amend, revise
【例文】You are allowed to modify all data that you originally set up for your online business.
訳：オンラインビジネス用に最初に構築した全データの修正は認められています。
【参考】(1) moderate　(3) repair

第8問の答え　(3) 断る

< decline >

[dikláin]【動詞】断る、辞退する、減少する

【解説】パート(7)の長文読解で手紙文が毎回3～4題出ますが、採用のオファーを断る手紙が出ることがあります。declineは何かの申し出を断る場合に使います。turn downと同じ意味です。言い換えの表現が答えになる場合が多いので、turn downも一緒に覚えましょう。declineには「減少する」という意味もあり、リスニングセクションの(2)や(3)を中心によく出ます。
【例文】After careful consideration, I have decided to decline your offer.
訳：よく考えた結果、あなたの申し出をお断りすることにしました。
【参考】(1) declare　(2) distinguish

第9問

< qualified >

この単語の、もっとも適切な日本語を選びなさい。

(1) 満足した

(2) 壊れやすい

(3) 資格のある

第10問

< refer >

この単語の、もっとも適切な日本語を選びなさい。

(1) 払い戻す

(2) 言及する

(3) 延期する

第9問の答え　　(3) 資格のある

< qualified >

[kwάləfàid]【形容詞】資格のある、適任の

【解説】アメリカ人は転職を繰り返す人が多いので、求人広告や仕事の面接に関する英文が頻繁に出ます。qualified は、そのような英文で必ず使われる単語です。特に「qualified applicant (応募資格のある人)」という表現がよく出ます。パート(5)の語彙問題として出題されたこともありますが、パート(2)や(3)、またパート(7)の長文読解でもよく出る単語です。TOEIC必須単語です。

【例文】He was not qualified to do the design job because he did not have a license.
訳：彼は免許を持っていなかったので、設計の仕事をする資格はありませんでした。

【参考】(1) satisfied　(2) fragile

第10問の答え　　(2) 言及する

< refer >

[rifə́:r]【動詞】言及する、参照する、問い合わせる

【解説】日常的にもビジネスにも頻繁に使う単語です。TOEICでもリスニング、リーディング、両セクションに時々出ます。パート(7)の長文読解で問題文に使われることも多い単語です。「～に言及する」だけでなく「参照する」という意味でも時々出ます。「refer to ～ (言及する、参照する)」の形で覚えておくと便利です。名詞は「reference」です。

【例文】Please refer to our correspondence regarding this matter in order to clarify this misunderstanding.
訳：この誤解をただすために、この問題に関する通信文を参照してください。

【参考】(1) refund　(3) postpone

第 11 問

< postage >

この単語の、もっとも適切な日本語を選びなさい。

(1) 郵便料金

(2) 保険料

(3) 同封

第 12 問

< cite >

この単語の、もっとも適切な日本語を選びなさい。

(1) 添付する

(2) 質問する

(3) 引用する

第11問の答え　（1）郵便料金

< postage >
[póustidʒ]【名詞】郵便料金、送料

【解説】日常生活でよく使う単語ですが、TOEICにもよく出ます。郵便局や郵送関連の文章はリスニング、リーディング、両セクションでよく出ます。中でも、パート(5)の語彙問題、パート(7)の長文読解でよく使われる単語です。特に、「enclosed postage-paid envelope」という表現がパート(5)の語彙問題で数度出題されています。リスニングセクションで出る場合はパート(2)の応答問題での出題が多いです。

【例文】Postage for sea mail is much cheaper than postage for air mail.
訳：船便の料金は航空便の料金よりかなり安いです。
【参考】(2) premium　(3) enclosure

第12問の答え　（3）引用する

< cite >
[sáit]【動詞】引用する、挙げる

【解説】ビジネス関連のレポートやニュースなどでよく使われる単語です。TOEICではリスニングセクションのパート(4)の会話問題や、リーディングセクションパート(7)の長文読解などで時々使われます。
【派】citation（名）
【例文】The economic newspaper cited a famous politician who was working to raise tariffs.
訳：経済新聞は、関税引き上げのために働いている有名な政治家の名前を挙げました。
【参考】(1) attach　(2) inquire

第 13 問

< deficit >

この単語の、もっとも適切な日本語を選びなさい。

(1) 被告

(2) 赤字

(3) 欠陥

第 14 問

< estimate >

この単語の、もっとも適切な日本語を選びなさい。

(1) 期待する

(2) 予測する

(3) 設立する

第13問の答え　（2）赤字

< deficit >

[défəsit]【名詞】赤字、欠損(金)、不足

【解説】特に財務関連のレポートや経済ニュースで頻繁に使われる単語です。TOEICでもリスニングセクションではパート(4)の説明文、リーディングセクションではパート(7)の長文読解で時々使われます。TOEICには会計関連の表現が出ることが多いのでTOEIC必須単語と言えます。

【例文】If the company deficit is too large, the bank may not extend the loan.
訳：会社の赤字額が大きすぎると、銀行は融資の延長をしないかもしれません。

【参考】(1) defendant　(3) defect

第14問の答え　（2）予測する

< estimate >

[éstəmèit]【動詞】予測する、見積もる、評価する

【解説】「売上げが倍になると予測する」「インフレになると予測する」など、経済関連でよく使います。名詞も estimate で「予測、見積もり」です。動詞では「予測する」、名詞では「見積もり」で使われることが多いです。リスニング、リーディング、両セクションに頻繁に出る単語です。

【例文】It was estimated that the U.S. economy would grow in the third quarter at a faster rate than first thought.
訳：第3四半期のアメリカ経済は当初の予想より早く成長するだろうと思われていました。

【参考】(1) expect　(3) establish

第 15 問

< reveal >

この単語の、もっとも適切な日本語を選びなさい。

(1) 再考する

(2) 宣言する

(3) 明らかにする

第 16 問

< takeover >

この単語の、もっとも適切な日本語を選びなさい。

(1) 買収

(2) 贈賄

(3) 離陸

第15問の答え　（3）明らかにする

< reveal >

[riví:l]【動詞】明らかにする、暴露する、さらけ出す

【解説】詳細を明らかにする、などのような表現で、よく使う単語です。TOEICでもリスニング、リーディング、両セクションに時々使われます。比較的出題が多いのは、リーディングセクションのパート(7)の長文読解です。
【類】disclose, expose
【例文】The oil company revealed its long term plan to stabilize oil prices.
訳：石油会社は、石油価格を安定させるための長期計画を明らかにしました。
【参考】(1) reconsider　(2) declare

第16問の答え　（1）買収

< takeover >

[téikòuvər]【名詞】買収、乗っ取り

【解説】最近のTOEICでは合併 (merger) や買収 (acquisition) に関する文章が頻繁に出るようになりました。mergerやacquisitionと並んでtakeoverもリスニング、リーディング、両セクションによく使われる単語です。新聞記事などで頻繁に見かけるTOB（株式公開買い付け）はtakeover bitの略です。「take over」は、「引き継ぐ、譲り受ける」という意味になります。「take over」も時々TOEICに出ます。
【例文】The board of directors decided to increase the number of shares to avoid a takeover.
訳：取締役会は買収を避けるために発行株式数を増やすことを決めました。
【参考】(2) bribery　(3) takeoff

第 17 問

< consecutive >

この単語の、もっとも適切な日本語を選びなさい。

(1) 意識している

(2) 連続的な

(3) 次に続く

第 18 問

< withdraw >

この単語の、もっとも適切な日本語を選びなさい。

(1) 撤退する

(2) 描く

(3) 差し控える

第17問の答え　（2）連続的な

< consecutive >

[kənsékjətiv]【形容詞】連続的な、引き続く

【解説】ビジネス必須単語です。「二期連続の赤字」のような表現が会計関連のレポートに頻繁に使われます。TOEIC 的にも重要です。リスニング、リーディング、両セクションによく使われます。パート(5)で語彙問題として出題されたこともあります。新 TOEIC ではビジネス系のレポートなどがパート(3)、(4)、(7)で多くなります。企業の IR 関連のレポートを読みましょう。
【派】consecutively（副）　consecutiveness（名）　【類】successive
【例文】The factory had two consecutive weeks of vacation in August.
訳：工場は8月に2週間連続して休みになりました。
【参考】(1) conscious　(3) following

第18問の答え　（1）撤退する

< withdraw >

[wiðdrɔ́ː]【動詞】撤退する、撤回する、引き出す

【解説】ビジネス必須単語です。「撤退する、撤回する、引き出す」いずれの意味でもビジネスで頻繁に使われます。TOEIC にもよく出ます。リスニング、リーディング、両セクションに頻繁に出る単語です。どちらかと言うと、リスニングでは日常生活でよく使う「(お金を)引き出す」という意味が、リーディングではビジネスでよく使う「撤退する、撤回する」という意味が出ることが多いです。
【派】withdrawal（名）
【例文】The photo shop chain decided to withdraw its branches from suburban areas.
訳：写真店チェーンは郊外地区にある支店を引き上げることを決めました。
【参考】(2) draw　(3) refrain

第19問

< assembly >

この単語の、もっとも適切な日本語を選びなさい。

(1) 会合

(2) 委員会

(3) 工場

第20問

< prescription >

この単語の、もっとも適切な日本語を選びなさい。

(1) 予測

(2) 処方箋

(3) 記述

第19問の答え　(1) 会合

< assembly >

[əsémbli]【名詞】会合、集会、組み立て

【解説】ビジネスで頻繁に使う単語で、リスニング、リーディング、両セクションを通して出る単語です。「meeting（会議、集会）」は知っていても assembly は知らない、という人が多いのではないかと思います。最近の TOEIC では、フォーマルな英語、ビジネスで頻繁に使う英語がより重要になります。
【派】assemble（名）
【例文】The school principal called for a school assembly to warn the students against spending too much money on soft drinks at the vending machines in the school.
訳：学校長は、校内にある自動販売機での清涼飲料の購入にお金を使い過ぎていることを生徒に注意するために学校集会を呼びかけました。
【参考】(2) committee　(3) plant

第20問の答え　(2) 処方箋

< prescription >

[priskrípʃən]【名詞】処方箋

【解説】日常的によく使う単語です。TOEIC ではリスニングセクションで、時々病院や歯科医院での会話が出題されます。そのような会話の中で使われる単語の一つです。パート(7)の長文読解でも処方箋に関する英文が出題されることがあります。動詞は「prescribe（処方する）」で、名詞に比べると出題頻度は高くありませんが、時々出ます。
【例文】The doctor's prescription was written in haste and was difficult to read.
訳：医師の処方箋は急いで書かれたので判読が困難でした。
【参考】(1) prediction　(3) description

第 21 問

< periodical >

この単語の、もっとも適切な日本語を選びなさい。

(1) 期間

(2) 定期刊行物

(3) 定期購読

第 22 問

< possession >

この単語の、もっとも適切な日本語を選びなさい。

(1) 買収

(2) 保管

(3) 所有

第21問の答え　　（2）定期刊行物

< periodical >

[pìəriádikl]【名詞】定期刊行物、雑誌

【解説】日常生活でよく使う単語です。TOEIC ではリスニング、リーディング両セクションに時々使われます。パート (7) の長文読解で「定期刊行物／雑誌の購読契約更新」に関する手紙文が出ることがあり、そこで使われやすい単語です。リスニングセクションのパート (2) や (3) でも出ることもあります。簡単な単語ですが、思いの外知らない人の多い単語です。

【例文】There is a section of the lounge with the latest periodicals from Europe.
訳：ラウンジにはヨーロッパの最新の雑誌が置かれているコーナーがあります。

【参考】（1）period　（3）subscription

第22問の答え　　（3）所有

< possession >

[pəzéʃən]【名詞】所有、所持

【解説】日常的にも、ビジネスにもよく使う単語です。複数形の possessions になると「所有物」とか「財産」という意味になります。TOEIC では複数形の「所有物」や「財産」の意味で使われる場合が多く、特にリーディングセクションのパート(7)の長文読解で出ることが多いです。

【派】possess（動）

【例文】Possession alone of drugs is sufficient grounds for arrest and prosecution.
訳：薬物の所持だけで逮捕や起訴の十分な理由になります。

【参考】（1）acquisition　（2）storage

第 23 問

< earnings >

この単語の、もっとも適切な日本語を選びなさい。

(1) 手当

(2) 報奨金

(3) 収入

第 24 問

< supplier >

この単語の、もっとも適切な日本語を選びなさい。

(1) 宅配業者

(2) 供給業者

(3) 部下

第23問の答え　(3) 収入

< earnings >

[ə́ːrniŋz]【名詞】収入、収益

【解説】ビジネスで頻繁に使う単語です。特に企業の業績に関する話や会計関連のレポートで頻繁に使われます。TOEICでは、リスニングセクションのパート(4)やリーディングセクションのパート(7)の長文読解で出ることが多いです。動詞は「earn（稼ぐ）」です。動詞もよく出るので一緒に覚えておきましょう。
【類】income
【例文】Part of our annual earnings will be earmarked to reduce debt.
訳：年間収益の一部が負債の削減に割り当てられるでしょう。
【参考】(1) allowance　(2) incentive

第24問の答え　(2) 供給業者

< supplier >

[səpláiər]【名詞】供給業者、仕入れ先、納入業者

【解説】ビジネスで頻繁に使う単語です。TOEICでもリスニング、リーディング、両セクションによく使われる単語です。動詞の「supply（供給する、提供する）」はビジネス必須単語で、またTOEIC必須単語でもあります。supplyも一緒に覚えましょう。
【類】provider
【例文】We are irritated with our supplier because he is always late with delivery.
訳：いつも納品が遅れるので、私たちは仕入れ業者にいらだっています。
【参考】(1) courier　(3) subordinate

第 25 問

< procure >

この単語の、もっとも適切な日本語を選びなさい。

(1) 供給する

(2) 調達する

(3) 調整する

第 26 問

< designate >

この単語の、もっとも適切な日本語を選びなさい。

(1) 配布する

(2) 統合する

(3) 指定する

第25問の答え　　（2）調達する

< procure >

[prəkjúər]【動詞】調達する、獲得する

【解説】ビジネスで頻繁に使う単語です。部品の調達や資材の調達などに関する英文で使われることが多く、TOEICにも時々出ます。どちらかと言うと、リーディングセクションで使われることの方が多い単語です。名詞の「procurement（調達、獲得）」も一緒に覚えておきましょう。

【類】acquire, obtain

【例文】The stock room had difficulty in procuring sufficient supplies.

訳：ストックルームの担当者は十分な備品を調達するのに苦労しました。

【参考】（1）supply　（3）adjust

第26問の答え　　（3）指定する

< designate >

[dézignèit]【動詞】指定する、指名する

【解説】TOEICでは、リスニングセクション、リーディングセクション、ともに頻繁に使われる単語で、重要単語の一つです。「designated＋名詞」という分詞の形で、分詞の問題として、あるいは語彙の問題として、リーディングセクションのパート(5)で出ることもあります。ビジネスでも頻繁に使う単語です。

【派】designation（名）

【例文】The CEO designated the CFO as his successor.

訳：CEO（最高経営責任者）はCFO（最高財務責任者）を彼の後任に指名しました。

【参考】（1）distribute　（2）integrate

第27問

< foresee >

この単語の、もっとも適切な日本語を選びなさい。

(1) 予見する

(2) 育てる

(3) 強いる

第28問

< board of directors >

この単語の、もっとも適切な日本語を選びなさい。

(1) 掲示板

(2) 取締役会

(3) 委員会

第27問の答え　　（1）予見する

< foresee >
[fɔ:rsí:]【動詞】予見する、予知する、見越す

【解説】知らない人が意外に多い単語ですがよく使います。ビジネス関連の英文を読んでいると「foreseeable future（予見できる近い将来）」という表現をよく見かけます。TOEIC でもパート(4)の説明文や、パート(5)の空欄補充や、パート(7)の長文読解などで出ます。predict や expect と似た意味の単語です。

【派】foresight（名）

【例文】The most difficult aspect of planning for a corporation is to foresee consumer trends.
訳：会社にとって計画でもっとも難しいことは、消費者動向を予測することです。

【参考】(2) foster　　(3) force

第28問の答え　　（2）取締役会

< board of directors >
【名詞】取締役会、理事会

【解説】ビジネス必須単語です。TOEIC にもよく出ます。パート(3)の会話文やパート(4)の説明文、パート(7)の長文読解でよく出ます。board of directors に関連して、「board meeting（役員会議）」や「board member（役員）」などの表現もリスニングセクションを中心に頻繁に出ます。一部の外資系企業ではこれらの単語をすでに日本語として使っているようです。

【例文】The members of the board of directors in America come from outside the company for which the board is responsible.
訳：アメリカの取締役会のメンバーは、社外から来ます。

【参考】(1) bulletin board　　(3) committee

第 29 問

< auditor >

この単語の、もっとも適切な日本語を選びなさい。

(1) 会計士

(2) 弁護士

(3) 監査人

第 30 問

< apologize >

この単語の、もっとも適切な日本語を選びなさい。

(1) 承認する

(2) 謝る

(3) 評価する

第29問の答え　(3) 監査人

< auditor >

[ɔ́ːdətər]【名詞】監査人、監査役

【解説】会計関連のレポートで頻繁に使われる単語です。パート(3)や(4)では、「会話をしているのは誰でしょう」という質問がよく出ますが、答えとなり得る職業はさほど多くありません。auditor はその「よく出る」職業の一つです。パート(7)では、auditor が監査をしている企業に送った手紙や、逆に企業が auditor に送った手紙などが出ることがあります。「accountant（会計士）」と似ていますが、仕事の内容が異なります。

【派】audit（動）

【例文】The bank clerks had to stay overtime to prepare for the auditor who would examine their records.

訳：銀行の事務員は、記録を検査する監査人のための準備で残業しなければなりませんでした。

【参考】(1) accountant　(2) attorney

第30問の答え　(2) 謝る

< apologize >

[əpálədʒàiz]【動詞】謝る、謝罪する

【解説】日常的に頻繁に使う単語です。パート(2)の応答文やパート(3)の会話文、パート(7)の長文読解の中の手紙文や e-mail でよく使われます。「apologize to 人 for ～（～に謝罪する）」の形で覚えておきましょう。パート(5)の文法問題でこの表現の中の前置詞の to が問われたことがあります。名詞は「apology（謝罪）」ですが、apologize に比べると出題頻度は高くありません。

【例文】The president of the major insurance company apologized to the public for the major scandal involving benefit payments.

訳：大手の保険会社の社長は、保険料の支払いを含む大きなスキャンダルに対して、一般の人々に謝りました。

【参考】(1) approve　(3) evaluate

第 31 問

< insufficient >

この単語の、もっとも適切な日本語を選びなさい。

(1) 不十分な

(2) 無能な

(3) 無礼な

第 32 問

< reply >

この単語の、もっとも適切な日本語を選びなさい。

(1) 手がかり

(2) 返事

(3) 対話

第31問の答え　(1) 不十分な

< insufficient >

[insəfíʃənt]【形容詞】不十分な、不適当な

【解説】日常的にもビジネスにも頻繁に使う単語です。「sufficient（十分な）」の反意語です。sufficient とともに、TOEIC ではリスニング、リーディング、両セクションに使われますが、中でもパート(7)の長文読解で出ることが多い単語です。

【例文】The check was returned because of insufficient funds in the account.
訳：口座に十分な資金がないので、チェックは戻されました。

【参考】(2) incapable　(3) rude

第32問の答え　(2) 返事

< reply >

[riplái]【名詞】返事、答え

【解説】顧客の問い合わせに対する「返事」はビジネスでは必須です。TOEIC でも全パートを通して頻繁に使われる単語です。動詞も同じ reply で「返答する、返事をする」という意味です。やはり TOEIC 必須単語の一つです。名詞の reply も、動詞の reply もリスニングセクションでよく出ます。

【類】response, answer

【例文】I have received an invitation to give a paper at an international conference so I must make a reply within one week.
訳：国際会議で研究発表をするようにとの招待を受けたので、1週間以内に返事をしなければなりません。

【参考】(1) clue　(3) dialogue

第 33 問

< machinery >

この単語の、もっとも適切な日本語を選びなさい。

(1) 機械類

(2) 道具

(3) 機械学

第 34 問

< seek >

この単語の、もっとも適切な日本語を選びなさい。

(1) つかむ

(2) 求める

(3) 種をまく

【5章 パート7によく出る単語・熟語】 315

第33問の答え　(1) 機械類

< machinery >

[məʃíːnəri]【名詞】機械類、機械装置

【解説】ビジネスで頻繁に使う単語です。ビジネス関連のレポートや経済記事などにも使われます。TOEICでもリスニング、リーディング、両セクションを通して頻繁に出ます。中でも、リスニングセクションのパート(4)やパート(7)の長文読解でよく出ます。同じく頻出単語である「equipment」や「device」とほぼ同じ意味です。

【例文】The factory machinery was not automated so it was not efficient.
訳：工場の機械類は自動化されていなかったので効率的ではありませんでした。

【参考】(2) tool　(3) mechanics

第34問の答え　(2) 求める

< seek >

[síːk]【動詞】求める、捜し出す

【解説】日常的にもビジネスにも頻繁に使う単語です。レポートやビジネス関連の英文にも重宝に使えます。TOEICでもリスニング、リーディング両セクションによく使われる単語です。「seek expertise」という表現で expertise（専門知識）をヒントに seek を選ぶという問題がパート(5)で出題されたことがあります。また、パート(7)の長文読解にも出る単語です。

【類】search, pursue

【例文】The company decided to seek more customers in local cities.
訳：会社は地方都市でより多くの顧客を求めることに決めました。

【参考】(1) seize　(3) seed

第 35 問

< demand >

この単語の、もっとも適切な日本語を選びなさい。

(1) 供給

(2) 要求

(3) 需要

第 36 問

< debt >

この単語の、もっとも適切な日本語を選びなさい。

(1) 討論

(2) 賄賂

(3) 負債

第35問の答え　(3) 需要

< demand >
[diménd]【名詞】需要、要求

【解説】TOEIC にはビジネス関連の英文や単語が使われることが多くなっています。demand はビジネス必須単語なので TOEIC にもよく出ます。パート(4)の説明文、パート(7)の長文読解で使われることが多いです。パート(5)でも語彙問題や前置詞の問題として出題されることがあります。「～の需要」という場合、demand for ～となりますが、この for を問われることもあります。

【例文】The toy was discontinued after 2 years because the demand for it was very low.
訳：需要が大変少なかったので、おもちゃは2年後に中止されました。

【参考】(1) supply　(2) requirement

第36問の答え　(3) 負債

< debt >
[dét]【名詞】負債、債務

【解説】企業の業績レポートや経済ニュースによく出るビジネス必須単語です。TOEIC にはビジネス関連の英文や単語が使われることが多いので debt も重要な単語になります。特にパート(4)の説明文や、パート(7)の長文読解で使われることが多いです。仕事上も覚えておかなければならない単語です。

【類】liabilities

【例文】To my surprise, his credit card debt was more than $10,000 even though he was only a college freshman.
訳：驚いたことに、彼はまだ大学一年生なのに、彼のクレジットカードの負債は1万ドル以上でした。

【参考】(1) debate　(2) bribe

第 37 問

< suffer >

この単語の、もっとも適切な日本語を選びなさい。

(1) 苦しむ

(2) 申し出る

(3) 試みる

第 38 問

< shortage >

この単語の、もっとも適切な日本語を選びなさい。

(1) 不足

(2) 保証金

(3) 赤字

第37問の答え　(1) 苦しむ

< suffer >

[sʌ́fər]【動詞】苦しむ、悩む、受ける、被る

【解説】日常的にもビジネスにも頻繁に使う単語です。TOEICでも、「収益の悪化に苦しむ」など、ビジネス関連のレポートに使われる表現で出ることが多いです。リスニングセクションのパート(4)や、リーディングセクションのパート(7)の長文読解で出ることが多い単語です。

【例文】People who take drugs without reading the instructions may suffer from negative side-effects.
訳：使用説明書を読まずに薬を飲む人は、悪い副作用に苦しむかもしれません。

【参考】(2) offer　(3) attempt

第38問の答え　(1) 不足

< shortage >

[ʃɔ́ːrtidʒ]【名詞】不足、欠乏

【解説】日常的にもビジネスにもよく使う単語です。リーディングセクションで「be a shortage of (〜が不足して)」という熟語の形で出ることがあります。ビジネス関連のレポートや経済記事などでよく使う表現で、パート(7)の長文読解で出ることもあります。形容詞は short で「be short of〜」という表現も使います。意味は同じです。

【例文】There is an oil shortage in the developing country so it must import this precious resource.
訳：発展途上国では石油が不足しているので、貴重な資源である石油を輸入しなければなりません。

【参考】(2) deposit　(3) deficit

第 39 問

< exclusive >

この単語の、もっとも適切な日本語を選びなさい。

(1) 包括的な

(2) 独占的な

(3) 過度の

第 40 問

< affiliated company >

この単語の、もっとも適切な日本語を選びなさい。

(1) 子会社

(2) 関連会社

(3) 合弁会社

第39問の答え　（2）独占的な

< exclusive >

[iksklú:siv]【形容詞】独占的な、専有の、唯一の

【解説】ビジネス、特に販売やサービスの独占契約に関する英文でよく使う単語です。リスニング、リーディング、両セクションに時々出ますが、頻出単語ではありません。覚えておくと仕事で使える単語です。中でも「exclusive contract（独占契約）」という表現はビジネスで頻繁に使います。

【派】exclude（動）　exclusion（名）　exclusively（副）

【例文】We are delighted to announce the signing of an exclusive contract with a world-famous violinist.

訳：世界的に有名なバイオリニストとの独占契約にサインしたことをご報告できてうれしいです。

【参考】（1）comprehensive　（3）excessive

第40問の答え　（2）関連会社

< affiliated company >

【名詞】関連会社

【解説】「headquarters（本社）」、「subsidiary（子会社）」、「affiliated company（関連会社）」、「branch office（支社）」はTOEIC必須単語です。TOEICには職場での会話やビジネス関連の英文が多く出題されます。全部覚えておきましょう。子会社と関連会社の違いは親会社の出資比率の違いによるものです。リスニング、リーディング、両セクションを通して頻繁に出る単語です。

【例文】The department store bought the shoe company and made it an affiliated company.

訳：デパートは靴の会社を買収して関連会社にしました。

【参考】（1）subsidiary　（3）joint venture

第41問

< freight >

この単語の、もっとも適切な日本語を選びなさい。

(1) 恐怖

(2) 飛行

(3) 運送貨物

第42問

< alternate >

この単語の、もっとも適切な日本語を選びなさい。

(1) 交替する

(2) 発行する

(3) 避難する

[5章 パート7によく出る単語・熟語] 323

第41問の答え　(3) 運送貨物

< freight >

[fréit]【名詞】運送貨物、船荷

【解説】輸送/出荷関連の単語なのでビジネスで頻繁に使います。TOEICでは特にリーディングセクションのパート(7)の長文読解で出ることが多いです。パート(7)では顧客に出す手紙が出題されることが多く、出荷が遅れる際のお詫びの手紙や、貨物が届かない際の問い合わせの手紙などで使われることの多い単語です。

【例文】The freight can be shipped by boat or by rail but is too expensive to ship by air.
訳：貨物は船か鉄道で輸送することはできますが、空輸では高過ぎます。

【参考】(1) fear　(2) flight

第42問の答え　(1) 交替する

< alternate >

[ɔ́:ltərnèit]【動詞】交替する、交互に行なう

【解説】他の単語に比べると少し重要度が下がります。alternate A with B で「AとBを交替にする」という意味になります。形容詞と名詞の alternative「選択的な、替わりの (形容詞)」/「選択肢、代案 (名詞)」がパート(5)の語彙問題で出題されることがあるので alternative も一緒に覚えておきましょう。名詞、形容詞、両方とも出題されました。動詞より、名詞と形容詞の方が出題頻度も高くより重要です。

【例文】The retired couple alternated their residence between their main home in Michigan and their second home in Florida.
訳：退職した夫婦はミシガンにある本宅とフロリダのセカンドハウスを住居として交互に使っていました。

【参考】(2) issue　(3) evacuate

第 43 問

< liability >

この単語の、もっとも適切な日本語を選びなさい。

(1) 司書

(2) 負債

(3) 実験室

第 44 問

< authorize >

この単語の、もっとも適切な日本語を選びなさい。

(1) 推奨する

(2) 権限を与える

(3) 要求する

第43問の答え　（2）負債

< liability >

[làiəbíləti]【名詞】負債、責任

【解説】「責任」という意味で使う場合は不可算名詞ですが、「負債」という意味で使う場合は複数形になります。リスニング、リーディング両セクションを通して、問題文に経済やビジネス関連の英文が使われることが多くなりました。新TOEICに変わり、今後ますますこの傾向が顕著になると思われます。liabilitiesも頻繁に出るようになりました。会計関連のレポートや、貸借対照表をはじめ他の財務諸表でも頻繁に使われる単語で、ビジネス必須単語です。
【派】liable（形）
【例文】The total liabilities of bankrupt companies were up 100 percent last month.
訳：倒産企業の負債総額は先月100パーセント増えました。
【参考】（1）librarian　（3）laboratory

第44問の答え　（2）権限を与える

< authorize >

[ɔ́:θəràiz]【動詞】権限を与える、委任する、認める

【解説】ビジネスで使う単語です。パート（7）で出ることがあります。頻出単語ではありませんが、覚えておくと仕事でも使える単語です。名詞はauthorizationで、「委任、許可」という意味です。名詞も時々出るので一緒に覚えましょう。また派生語に「専門家、当局」という意味の「authority」があります。これもTOEICに時々出る単語です。
【例文】The company will not authorize the use of company cars for private use.
訳：会社は会社の車を個人的に使うことを認めないでしょう。
【参考】（1）recommend　（3）require

第 45 問

< notify >

この単語の、もっとも適切な日本語を選びなさい。

(1) 識別する

(2) 明らかにする

(3) 知らせる

第 46 問

< utility >

この単語の、もっとも適切な日本語を選びなさい。

(1) 公共料金

(2) 利用

(3) 郵便料金

第45問の答え　（3）知らせる

< notify >

[nóutəfài]【動詞】知らせる、通知する

【解説】日常的にもビジネスにも頻繁に使う単語です。TOEICではパート(3)や(4)、パート(7)の長文読解でよく使われる単語です。特にパート(7)の長文読解には社内メールや手紙が毎回数問出題されますが、その中に出ることが多い単語です。覚えておけば仕事でのメールで使えます。
【派】notification（名）　【類】inform
【例文】The library notified the borrower that his book was overdue.
訳：図書館は借り手に、本の期限が過ぎていることを通知しました。
【参考】（1）identify　（2）clarify

第46問の答え　（1）公共料金

< utility >

[ju:tíləti]【名詞】公共料金、公益事業

【解説】日常生活で頻繁に使う単語です。TOEICにも時々出ます。リスニングセクションでは全般で、リーディングセクションではパート(7)の長文読解で出ることが多いです。電気、ガス、水道の料金を指すため、生活上重要な単語です。
【派】utilize（動）
【例文】My utility bill is highest in summer and winter.
訳：私の公共料金は夏と冬にもっとも高いです。
【参考】（2）utilization　（3）postage

第 47 問

< merge >

この単語の、もっとも適切な日本語を選びなさい。

(1) 経営する

(2) 現れる

(3) 合併する

第 48 問

< collaborate >

この単語の、もっとも適切な日本語を選びなさい。

(1) 適合させる

(2) 協力する

(3) 賠償する

第47問の答え　(3) 合併する

< merge >
[mə́:rdʒ]【動詞】合併する

【解説】M&AのMの方です。Aは「acquisition（買収）」と言い、どちらもTOEICで頻繁に使われます。mergeとacquisitionは正確には意味が異なるので、それぞれ別々に使われる場合が大半です。最近はTOEICがかなりビジネスにシフトしています。その関係もあり頻繁に出るようになりました。リスニングセクションでも出ますが、パート(7)の長文読解でもM&A関連の記事が時々出るようになりました。

【例文】The two largest insurance companies will merge next year.
訳：保険の最大手2社が来年合併するでしょう。

【参考】(1) manage　(2) emerge

第48問の答え　(2) 協力する

< collaborate >
[kəlǽbərèit]【動詞】協力する、共同する

【解説】日常的にもビジネスにも、よく使う単語です。頻出単語ではありませんが、リスニング、リーディング、両セクションに時々出ます。名詞「collaboration（協力、共同）」の方が出題頻度が高く、collaborationを使った「in collaboration with ～（～と協力して）」はパート(5)で出題されることがあります。

【類】cooperate

【例文】The Anglo-American Company collaborated with the Franco-Italian Company.
訳：アングロアメリカン会社はフランコイタリアン会社と共同しました。

【参考】(1) adapt　(3) compensate

第 49 問

< prestigious >

この単語の、もっとも適切な日本語を選びなさい。

(1) 高名な

(2) 前途有望な

(3) 反対の

第 50 問

< clarity >

この単語の、もっとも適切な日本語を選びなさい。

(1) 明瞭さ

(2) 証拠

(3) 品質

第49問の答え　（1）高名な

< prestigious >

[prestí:dʒəs]【形容詞】高名な、名声のある、一流の

【解説】日常的によく使う単語です。TOEICではリスニングセクションのパート(4)の説明文や、リーディングセクションのパート(7)の長文読解で使われることがあります。

【派】prestige（名）

【例文】The prestigious jewelry store has been in existence for more than 100 years.

訳：高名な宝石店は100年以上も営業をしています。

【参考】（2）promising　（3）contrary

第50問の答え　（1）明瞭さ

< clarity >

[klǽrəti]【名詞】明瞭さ、明快

【解説】日常的にもビジネスにもよく使う単語です。リーディングセクションで出ることが多く、パート(5)の語彙問題の間違いの選択肢に使われたり、パート(7)の長文読解問題で出たりします。動詞は「clarify（明らかにする、はっきりさせる）」で、clarifyもよく出ます。動詞のclarifyは問題文で使われることもあり、重要な単語です。

【例文】The advertisement made by the advertising company was rejected by the client because it lacked clarity about why the new product was being introduced.

訳：新製品が導入されることの理由が明瞭でないために、広告会社によって作成された広告は、発注者によって拒否されました。

【参考】（2）evidence　（3）quality

第51問

< exchange rate >

この単語の、もっとも適切な日本語を選びなさい。

(1) 為替レート

(2) 金利

(3) 証券取引所

第52問

< tax revenue >

この単語の、もっとも適切な日本語を選びなさい。

(1) 脱税

(2) 税額控除

(3) 税収

第51問の答え　（1）為替レート

< exchange rate >
【名詞】為替レート

【解説】ビジネスや経済関連のニュースなどで頻繁に使われる表現です。パート(4)の説明文や、パート(7)の長文読解でレポートや経済ニュースの中で使われることが多いです。最近のTOEICはビジネス関連内容が増えています。株、為替、金利などに関する記事の出題頻度も増えています。日頃からビジネス関連のレポートや経済ニュースを読むようにしましょう。

【例文】The exchange rate of the dollar with other currencies is closely watched by economists.
訳：ドルの他の通貨との為替レートは、エコノミストによって注意深く監視されています。

【参考】(2) interest rate　(3) stock exchange

第52問の答え　（3）税収

< tax revenue >
【名詞】税収、歳入

【解説】ビジネス関連のレポートや経済関連のニュースなどで頻繁に使われる表現です。パート(4)の説明文や、パート(7)の長文読解で、レポートや経済ニュースの中でよく出ます。最近のTOEICはビジネス関連内容が増えています。日頃からビジネス関連のレポートや経済ニュースを読むようにすれば、このような単語は自然に頭に入ります。

【例文】Because tax rates were raised last year, tax revenue this year will be higher.
訳：昨年税率が引き上げられたので、今年の税収は増えるでしょう。

【参考】(1) tax evasion　(2) tax exemption

第 53 問

< manuscript >

この単語の、もっとも適切な日本語を選びなさい。

(1) 取扱説明書

(2) 原稿

(3) 変更

第 54 問

< procedure >

この単語の、もっとも適切な日本語を選びなさい。

(1) 進行

(2) 生産

(3) 手続き

第 53 問の答え　　(2) 原稿

< manuscript >
[mǽnjəskrìpt]【名詞】原稿

【解説】パート(2)の会話文や、パート(3)の説明文でよく使われる単語です。リーディングセクションでは、パート(7)の長文読解で出ることがあります。似たスペルで transcript という単語がありますが、script に「手書き、台本」という意味があります。manuscript の意味がわからなくても、transcript や script の意味を知っていれば想像できるのではないでしょうか。

【例文】The writer did not use a computer for his novel but wrote his manuscript by longhand.
訳：作家は小説を書くのにコンピューターは使わず、手書きで原稿を書きました。

【参考】(1) manual　　(3) modification

第 54 問の答え　　(3) 手続き

< procedure >
[prəsíːdʒər]【名詞】手続き、手順、やり方

【解説】少し難しい単語ですが、ビジネスでよく使う単語です。TOEIC でもパート(5)の語彙問題で数度出題されたことがあります。パート(4)の説明文やパート(7)の長文読解で出ることもあります。動詞の「proceed(手続きをする、進む)」もパート(5)の語彙問題で出題されたことがあるので一緒に覚えましょう。

【派】process(名)　proceeding(名)　proceed(動)

【例文】Please teach me the procedure to retrieve my lost purse which is now at the police station.
訳：現在警察が保管している、私の失くした財布を取り戻すための手続きを教えてください。

【参考】(1) progress　　(2) production

第 55 問

< acquisition >

この単語の、もっとも適切な日本語を選びなさい。

(1) 知人

(2) 買収

(3) 水族館

第 56 問

< merger >

この単語の、もっとも適切な日本語を選びなさい。

(1) 非常事態

(2) 合併

(3) 利ざや

第55問の答え　(2) 買収

< acquisition >

[ækwizíʃən]【名詞】買収、吸収

【解説】ビジネスで頻繁に使われる表現です。M&AのA (acquisition)です。M(merger)とA(acquisition)は、正確には意味が異なるので、TOEICでもM&Aではなく、mergerとかacquisitionという表現で出てきます。リスニングではパート(2)、(3)、(4)で、リーディングではパート(7)の長文読解で出ることが多いです。発音が難しいのでチェックしておきましょう。
【派】acquire (動)
【例文】The gas company is negotiating for the acquisition of a gas company in another state.
訳：そのガス会社は他の州のガス会社の買収について交渉しています。
【参考】(1) acquaintance　(3) aquarium

第56問の答え　(2) 合併

< merger >

[mə́:rdʒər]【名詞】合併

【解説】M&AのM(merger)です。英語で使う場合にはmergerとacquisitionは別々に言う場合が多く、TOEICで使われる場合にも、mergerとかacquisitionという表現で出てきます。音もきちんと覚えましょう。リスニング、リーディング、両セクションで頻繁に使われる単語です。最近のビジネス状況を反映してかパート(7)の長文読解でもM&Aがらみの英文が時々出ます。
【派】merge (動)
【例文】There was a merger between the two large department store chains.
訳：2つの大きなデパートチェーンが合併しました。
【参考】(1) emergency　(3) margin

第 57 問

< subsidy >

この単語の、もっとも適切な日本語を選びなさい。

(1) 子会社

(2) 補助金

(3) 代用品

第 58 問

< informative >

この単語の、もっとも適切な日本語を選びなさい。

(1) 情報の

(2) 非公式の

(3) 相互作用の

第57問の答え　(2) 補助金

< subsidy >

[sʌ́bsədi]【名詞】補助金、助成金、交付金

【解説】ニュースなどで時々使われる単語です。頻出単語ではありませんが、忘れた頃にパート(7)の長文読解などで出る単語です。動詞の「subsidize(助成金を支給する)」も同様に、忘れた頃にではありますが出ることがあるので一緒に覚えておきましょう。

【例文】The government subsidies are from our taxes.
訳：政府の助成金は我々の税金から出ています。

【参考】(1) subsidiary　(3) substitute

第58問の答え　(1) 情報の

< informative >

[infɔ́ːrmətiv]【形容詞】情報の、参考になる

【解説】ビジネスで時々使われる単語で、パート(7)などで出ることがあります。動詞の inform もよく出ます。特にビジネスで頻繁に使う表現の「inform you of ～」はリーディングセクションのパート(6)やパート(7)の手紙文で出ることが多いので、一緒に覚えておきましょう。

【派】information(名)　【類】instructive

【例文】The printed annual report was informative about the company's current condition.
訳：印刷されたアニュアルレポートには、会社の現在の状況に関して多くの情報が掲載されていました。

【参考】(2) informal　(3) interactive

第 59 問

< comprehensive >

この単語の、もっとも適切な日本語を選びなさい。

(1) 競合的な

(2) 包括的な

(3) 比較の

第 60 問

< qualification >

この単語の、もっとも適切な日本語を選びなさい。

(1) 品質

(2) 引用文

(3) 資格

第59問の答え　（2）包括的な

< comprehensive >

[kàmprihénsiv]【形容詞】包括的な、総合的な

【解説】「comprehensive agreement（包括的協定）」のように、ビジネスや経済ニュースでよく使われる単語です。TOEICではパート(4)の説明文やパート(7)の長文読解の記事などで出ることが多いです。副詞は「comprehensively（包括的に）」で、形容詞に比べると出題頻度は低いですが副詞の comprehensively が出ることもあります。
【派】comprehend（動）
【例文】The coverage for the insurance was not comprehensive but was limited.
訳：保険の補償範囲は包括的でなく、制限されたものでした。
【参考】(1) competitive　(3) comparative

第60問の答え　（3）資格

< qualification >

[kwàləfikéiʃən]【名詞】資格、適性、技能、条件

【解説】アメリカは転職が多いせいか、求人広告がらみの英文が両セクションに出ることが多いです。よく使われるのは「qualified applicant」「qualification」です。パート(5)の語彙問題でも時々出ますが、選択肢に「characteristic（特徴、特性）」が入っていることが多く間違えやすいです。characteristic は人の特徴を表す場合に使い、「資格」を表す qualification とは異なります。
【派】qualify（動）
【例文】One qualification for the new position called for 5 years of experience.
訳：新しい職につくための要件の一つは、5年の経験を有していることでした。
【参考】(1) quality　(2) quotation

第 61 問

< coverage >

この単語の、もっとも適切な日本語を選びなさい。

(1) 表紙

(2) 補償範囲

(3) 勇気

第 62 問

< manufacturer >

この単語の、もっとも適切な日本語を選びなさい。

(1) 労働者

(2) 小売り業者

(3) 製造メーカー

【5章 パート7によく出る単語・熟語】 343

第61問の答え　（2）補償範囲

< coverage >

[kÁvəridʒ]【名詞】補償範囲、取材範囲

【解説】日常的にもビジネスにも頻繁に使う単語です。TOEICでは保険料や保険会社関連の話がリスニングセクションを中心によく出ます。そのような英文で coverage が使われることがあります。「取材範囲」という意味もあり、「news coverage（ニュースの取材）」という表現もよく使います。補償範囲、取材範囲、ともに覚えておきましょう。

【派】cover（動）

【例文】This cancer insurance's coverage includes hospitalization, medication and rehabilitation.
訳：この癌保険の補償範囲は、入院、薬、リハビリを含みます。

【参考】(1) cover　(3) courage

第62問の答え　（3）製造メーカー

< manufacturer >

[mænjəfæktʃərər]【名詞】製造メーカー、製造会社

【解説】「manufacture（製造する）」の派生語です。リスニング、リーディング、両セクションを通してメーカーの話はよく出ます。特にパート(4)の説明文や、パート(7)の長文読解で会社関連の話が出ますが、そのような英文でよく使われます。manufacture は知っていても、manufacturer は知らないという人が多いです。1字しか違わないので、メーカーのことも manufacture と言うんだ、と勘違いしている人もいます。

【例文】The leading car manufacturers of America were faced with intensive foreign competition.
訳：アメリカの一流自動車メーカーは、海外からの激しい競争に直面しました。

【参考】(1) laborer　(2) retailer

第 63 問

< encounter >

この単語の、もっとも適切な日本語を選びなさい。

(1) 克服する

(2) 展示する

(3) 遭遇する

第 64 問

< apparent >

この単語の、もっとも適切な日本語を選びなさい。

(1) 自立した

(2) 信頼できる

(3) 明らかな

第63問の答え　(3) 遭遇する

< encounter >

[enkáuntər]【動詞】遭遇する、(思いがけなく)出会う、(問題、危険などに)遭う

【解説】人に遭遇する場合にも、問題などに遭遇する場合にも、使います。「encounter problems」のようにビジネスでも使う単語です。TOEICでもリーディングセクションで時々使われます。名詞も「encounter (遭遇、思いがけない出会い)」ですが、TOEICには名詞のencounterはあまり出ません。
【類】face, confront
【例文】The new plan encountered much opposition.
訳：新しい計画は多くの反対にぶつかりました。
【参考】(1) overcome　(2) exhibit

第64問の答え　(3) 明らかな

< apparent >

[əpǽrənt]【形容詞】明らかな、明白な

【解説】日常的によく使う単語です。TOEICではリーディングセクション、中でもパート(7)の長文読解問題で出ることがあります。副詞の「apparently (明らかに、見たところでは)」も出ることがあります。一緒に覚えましょう。
【類】evident, obvious
【例文】It is apparent that he could not do the job due to lack of training.
訳：訓練不足のために、彼にその仕事ができなかったということは明らかです。
【参考】(1) independent　(2) reliable

第65問

< bankruptcy >

この単語の、もっとも適切な日本語を選びなさい。

(1) 倒産

(2) 銀行口座

(3) 銀行強盗

第66問

< undergo >

この単語の、もっとも適切な日本語を選びなさい。

(1) 強調する

(2) 落胆させる

(3) 耐える

第65問の答え　（1）倒産

< bankruptcy >

[bǽŋkrʌptsi]【名詞】倒産、破綻

【解説】TOEIC にはビジネス関連の英文や単語が使われることが多く、bankruptcy も頻繁に出ます。特にパート(4)の説明文やパート(7)の長文読解でよく出ます。bankruptcy の [t] は発音されないので注意してください。頻出単語 complaint の [t] が発音されないのと同じです。形容詞「bankrupt（倒産した）」もよく使われます。go bankrupt で「倒産する」となり、時々出ます。

【例文】The company declared bankruptcy after suffering huge losses for 5 years.
訳：会社は5年間巨額の損失があり、倒産を宣言しました。

【参考】（2）bank account　（3）bank robbery

第66問の答え　（3）耐える

< undergo >

[ʌ̀ndərgóu]【動詞】耐える、受ける、経験する

【解説】よく使う単語ですが、少し難しいのか知らない人が多いです。TOEIC ではパート(4)の説明文やパート(7)の長文読解で出ることのある単語です。「undergo an operation（手術を受ける）」、「undergo an examination（検査を受ける）」、「undergo changes（移り変わる）」などさまざまに使え、便利な単語です。

【類】endure, experience

【例文】The security staff must undergo a rigorous training period of 3 months.
訳：セキュリティ・スタッフは、3ヶ月の厳しい訓練期間を耐えなければなりません。

【参考】（1）emphasize　（2）discourage

第 67 問

< distinguished >

この単語の、もっとも適切な日本語を選びなさい。

(1) 特徴的な

(2) 優れた

(3) かき乱された

第 68 問

< constrain >

この単語の、もっとも適切な日本語を選びなさい。

(1) 制約する

(2) 訂正する

(3) 妨害する

第67問の答え　　（2）優れた

< distinguished >

[distíŋgwiʃt]【形容詞】優れた、著名な、一流の

【解説】動詞の「distinguish（区別する）」の派生語です。distinguishの意味を知っていれば想像できると思います。レポートなどでよく使う単語です。TOEICではパート(4)の説明文や、パート(7)の長文読解で出ることがあります。動詞のdistinguishはよく使う単語で、TOEICにもよく出るので知っている人が多いと思います。

【類】notable

【例文】The very distinguished scientist was asked to give a lecture.

訳：大変有名な科学者は講義をするよう依頼されました。

【参考】(1) distinctive　(3) disturbed

第68問の答え　　（1）制約する

< constrain >

[kənstréin]【動詞】制約する、強いる

【解説】リスニングセクションのパート(4)の説明文や、リーディングセクションのパート(7)を中心に時々出る単語です。名詞は「constraint（制約）」です。

【例文】The construction work was constrained by many strict limiting laws.

訳：建設工事は多くの厳しい制限的な法律によって制約を受けました。

【参考】(2) revise　(3) obstruct

第 69 問

< infer >

この単語の、もっとも適切な日本語を選びなさい。

(1) 申し出る

(2) 推察する

(3) 尋ねる

第 70 問

< negligence >

この単語の、もっとも適切な日本語を選びなさい。

(1) 無視

(2) 交渉

(3) 不注意

第69問の答え　(2) 推察する

< infer >

[infə́ːr]【動詞】推察する、推定する

【解説】TOEICでは「What can be inferred about ～?（～について何が推察されますか）」のような問題文でよく使われます。特にパート(3)、(4)、(7)の問題文で使われます。直接語られていなかったり、書かれていなかったりする内容でも、推定できれば正答として選べます。間接的に答えられている場合が多いです。

【派】inference（名）　【類】resume

【例文】The president could infer from the letter that the other company was not interested in his proposal to merge.

訳：社長は手紙から、一方の会社が合併の提案に興味がないのではと推測しました。

【参考】(1) offer　(3) inquire

第70問の答え　(3) 不注意

< negligence >

[néglidʒəns]【名詞】不注意、怠慢、過失

【解説】「ビジネス上の過失に関する英文」で頻繁に使われる単語です。TOEICではパート(4)の説明文や、パート(7)の長文読解の手紙文の中で時々使われる単語です。形容詞は「negligent（不注意な、怠慢な）」で、形容詞も時々出ます。

【派】neglect（動）

【例文】Two people injured themselves in the lobby due to the negligence of the cleaning company crew which used too much wax on the floor.

訳：清掃会社の作業員の不注意で、床にワックスを使いすぎたため、ロビーで二人が怪我をしました。

【参考】(1) neglect　(2) negotiation

第 71 問

< advanced >

この単語の、もっとも適切な日本語を選びなさい。

(1) 有利な

(2) 進んだ

(3) 過激な

第 72 問

< fluctuate >

この単語の、もっとも適切な日本語を選びなさい。

(1) 変動する

(2) 修正する

(3) 取り替える

【5章 パート7によく出る単語・熟語】 353

第71問の答え　(2) 進んだ

< advanced >

[ədvǽnst]【形容詞】進んだ、進歩した、上級の

【解説】日常的にも、ビジネスにもよく使う単語です。TOEIC でもリスニング、リーディング、両セクションに時々使われます。名詞も動詞も同じ形で advance です。名詞は「進歩、前進」という意味で、動詞は「進む、進歩する」という意味です。

【例文】Unfortunately his lung cancer was in the advanced stage.
訳：不運にも、彼の肺がんはかなり進行した段階でした。

【参考】(1) advantageous　(3) radical

第72問の答え　(1) 変動する

< fluctuate >

[flʌ́ktʃuèit]【動詞】変動する、上下する

【解説】「景気が変動する」とか、「株価が変動する」などのように、経済関連の文章でよく使われる単語です。TOEIC では、特にパート(7)の長文読解などで経済記事の出題が増えています。また、パート(6)でも経済記事が扱われるようになりました。その意味では重要な単語です。名詞は「fluctuation」です。

【例文】The stock price of the new company fluctuated for more than one year before reaching a stable level.
訳：新会社の株価は、安定価格になるまで1年以上、上下しました。

【参考】(2) modify　(3) replace

第 73 問

< fatal >

この単語の、もっとも適切な日本語を選びなさい。

(1) 熱狂的な

(2) 致命的な

(3) 同等の

第 74 問

< stable >

この単語の、もっとも適切な日本語を選びなさい。

(1) 停滞した

(2) 耐えられる

(3) 安定した

第73問の答え　(2) 致命的な

< fatal >

[féitl]【形容詞】致命的な、重大な

【解説】ビジネスで時々使う単語です。頻出語彙ではありませんが、TOEICで、リスニング、リーディング、両セクションに使われることがあります。名詞は「fate (運命)」です。

【例文】Caution must be used in handling the equipment because accidents could be fatal.
訳：事故は致命的になりうるので、機器を扱う際には用心しなければなりません。

【参考】(1) enthusiastic　(3) equivalent

第74問の答え　(3) 安定した

< stable >

[stéibl]【形容詞】安定した、しっかりした

【解説】日常的によく使う単語です。TOEICでもリスニング、リーディング、両セクションを通じて出ますが頻出単語ではなく忘れた頃に出る単語です。類語に「firm (安定した)」があり、firmもパート (7) で使われることのある単語です。一緒に覚えましょう。

【例文】A stable government is an important condition for investment in a foreign country.
訳：外国投資においては、政情が安定していることが重要な条件です。

【参考】(1) stagnant　(2) tolerable

第 75 問

< distinct >

この単語の、もっとも適切な日本語を選びなさい。

(1) 忠実な

(2) 明確な

(3) 記述的な

第 76 問

< fiscal year >

この熟語の、もっとも適切な日本語を選びなさい。

(1) 10年間

(2) 会計年度

(3) 四半期

第75問の答え　　(2) 明確な

< distinct >

[distíŋkt]【形容詞】明確な、はっきりした、まったく異なった

【解説】レポートなどでよく使う単語です。TOEICではリスニングセクションのパート(4)の説明問題や、リーディングセクションのパート(7)の長文読解で時々使われます。
【派】distinctly（副）
【例文】The handwriting in the letter was not distinct so I had difficulty in understanding the exact meaning.
訳：手紙の手書きの字がはっきりしなかったので、正確な意味を理解するのが難しかったです。
【参考】(1) faithful　(3) descriptive

第76問の答え　　(2) 会計年度

< fiscal year >

【熟語】会計年度

【解説】アニュアルレポートや決算関係の書類で頻繁に使われるビジネス必須用語です。企業によって会計年度は異なりますが、日本では4〜3月を会計年度としている企業が多いです。fiscal yearを4つに分けた一つが「quarter (四半期)」で、「the first quarter (第1四半期)」から「the fourth quarter (第4四半期)」まであります。ビジネス関連のレポートには、fiscal yearやquarterは頻繁に出てきます。
【例文】The fiscal year does not begin on January 1st.
訳：会計年度は1月1日に始まりません。
【参考】(1) decade　(3) quarter

第77問

< underlie >

この単語の、もっとも適切な日本語を選びなさい。

(1) 横たわる

(2) 〜に下線を引く

(3) 根底にある

第78問

< sum >

この単語の、もっとも適切な日本語を選びなさい。

(1) 親指

(2) 首脳会談

(3) 合計

第77問の答え　　（3）根底にある

< underlie >

[ʌ̀ndərlái]【動詞】根底にある、基礎にある

【解説】経済記事などで時々目にする単語です。頻出単語ではありませんが、TOEICではパート(7)の長文読解問題で出ることがあります。

【例文】The idea which underlies the agreement is based on profit-making.
訳：合意の根底にある考えは利益を上げることです。

【参考】（1）lie　（2）underline

第78問の答え　　（3）合計

< sum >

[sʌ́m]【名詞】合計、和

【解説】日常的にも、ビジネスにも、よく使う単語です。TOEICではリスニング、リーディング、両セクションで忘れた頃に出ます。意外に知らない人の多い単語です。覚えておくと仕事で使えます。動詞も同じ sum で「〜を合計する、要約する」という意味があります。

【例文】The sum of the expenses incurred was very high.
訳：支出費用の合計額は大変高かったです。

【参考】（1）thumb　（2）summit

単語コラム

──オフィスS&Yの今──

メールマガジンを発行し始めて、はやくも3年が過ぎました。人気メールマガジンの一つとして皆様に知られるようになり、その間に「1日1分レッスン！ TOEIC Test」シリーズが2冊出版されました。

AERA Englishからも声がかかり、「前田健のTOEICでブラッシュアップ大作戦」という連載記事で、前田さんのコーチ役として半年間出演しました。

今年から来年にかけては、他社からもTOEIC関連本を数冊刊行する予定です。

今、私がもっとも力を入れているのは、2か月単位で八重洲で開いている「TOEICの教室」です。昨今の企業でのTOEIC人気を反映して、ビジネスマンの参加者が大半です。

教室を開いて1年半が過ぎました。少人数でやってきたつもりですが、卒業生の数もすでに150名を超えます。今年の秋には同窓会を開いて、卒業生のコミュニティーを作りたいと考えています。異業種の人たちと話をしたい、英語関連の情報を交換したいという元教室生たちが気軽に交

単語コラム

流できる場を作れたら、と思っています。

それから、ホームページを使って「アメリカ人とオーストラリア人の読み上げによる問題形式の音声ファイル」を有料会員に販売しています。TOEIC の新テストで4か国語の発音がリスニングセクションに導入されたため、今年4月から行なっています。他に、ホームページ上で問題集も販売しています。

去年はセミナーも頻繁に開けたのですが、今年は本の執筆が相次ぎ、2回しか開けませんでした。セミナーのリクエストは多いので、来年はもう少し回数を増やしたいと思っています。

昨今、採用や昇進条件としての TOEIC の点数が、ますます高くなっています。勉強時間をとらなければ点数は上がりませんが、一生懸命頑張っているのに点数が上がらなくて困っているという方々の力に少しでもなれれば、と思っています。

オフィス S&Y　代表　中村澄子
連絡先：book@sumire-juku.co.jp
ホームページ：http://www.sumire-juku.co.jp
　　　　　　（ここからメールマガジンに登録できます）

索引 INDEX

本書で紹介している TOEIC 頻出単語を、アルファベット順に並べました。チェック欄□も利用して、学習のまとめ・単語の総整理などにお使いください。

A
- [ ] **a variety of** 205
- [ ] **access** 079
- [ ] **accommodate** 263
- [ ] **accountant** 063
- [ ] **acknowledge** 255
- [ ] **acquisition** 337
- [ ] **adapt** 111
- [ ] **adjust** 061
- [ ] **admit** 103
- [ ] **advanced** 353
- [ ] **affiliated company** 321
- [ ] **agenda** 087
- [ ] **alleviate** 269
- [ ] **allocate** 037
- [ ] **allow** 247
- [ ] **allowance** 145
- [ ] **alternate** 323
- [ ] **anticipate** 167
- [ ] **apologize** 311
- [ ] **apparent** 345
- [ ] **apply for the position** 105
- [ ] **appoint** 181
- [ ] **appreciate** 135
- [ ] **approval** 051
- [ ] **assemble** 181
- [ ] **assembly** 301
- [ ] **assign** 037
- [ ] **assignment** 065
- [ ] **attire** 145
- [ ] **attorney** 063
- [ ] **attribute A to B** 197
- [ ] **auditor** 311
- [ ] **authority** 187
- [ ] **authorize** 325
- [ ] **award** 169

B
- [ ] **bankruptcy** 347
- [ ] **be accompanied by** 137
- [ ] **be compliant with** 267
- [ ] **be concerned about** 201

- [ ] **be eligible to** 251
- [ ] **be entitled to** 237
- [ ] **be liable for** 261
- [ ] **be responsible for** 127
- [ ] **be subject to** 237
- [ ] **benefit** 165
- [ ] **benefit from** 201
- [ ] **beyond control** 221
- [ ] **bid** 047
- [ ] **bill** 091
- [ ] **board** 013
- [ ] **board of directors** 309
- [ ] **branch office** 077
- [ ] **brochure** 123
- [ ] **budget** 101
- [ ] **business contacts** 273

C

- [ ] **capital** 155
- [ ] **cite** 293
- [ ] **claim** 189
- [ ] **clarity** 331
- [ ] **clerical** 067
- [ ] **close** 233
- [ ] **collaborate** 329
- [ ] **colleague** 249
- [ ] **commit** 093
- [ ] **commute** 113
- [ ] **complain** 199
- [ ] **complaint** 215
- [ ] **component** 097
- [ ] **comprehensive** 341
- [ ] **compromise** 049
- [ ] **conduct a survey** 217
- [ ] **confirm** 051
- [ ] **consecutive** 299
- [ ] **consent** 211
- [ ] **consequence** 127
- [ ] **conserve** 211
- [ ] **considerable** 117
- [ ] **considerate** 213
- [ ] **constrain** 349
- [ ] **consult** 113
- [ ] **consumer** 085
- [ ] **consumption** 087
- [ ] **contribute** 163
- [ ] **courier** 067
- [ ] **coverage** 343
- [ ] **critical** 255
- [ ] **currency** 163

D

- [ ] **deal** 091
- [ ] **debt** 317
- [ ] **declare** 157
- [ ] **decline** 289

- [ ] **defect** 041
- [ ] **deficit** 295
- [ ] **deliver** 035
- [ ] **demand** 317
- [ ] **deserve** 175
- [ ] **designate** 307
- [ ] **destination** 109
- [ ] **device** 141
- [ ] **disappointing** 267
- [ ] **discouraging** 213
- [ ] **dismiss** 081
- [ ] **dispose** 245
- [ ] **dispute** 143
- [ ] **distinct** 357
- [ ] **distinguished** 349
- [ ] **distract** 231
- [ ] **distribute** 079
- [ ] **distribution** 069
- [ ] **district** 069
- [ ] **diverse** 257
- [ ] **duration** 273
- [ ] **duty** 123

E
- [ ] **earnings** 305
- [ ] **effective** 231
- [ ] **efficient** 057
- [ ] **electrician** 085
- [ ] **embassy** 131
- [ ] **enclose** 285
- [ ] **encounter** 345
- [ ] **encourage** 205
- [ ] **enrollment** 271
- [ ] **ensure** 171
- [ ] **enthusiastic** 253
- [ ] **equipment** 153
- [ ] **essential** 251
- [ ] **establish** 159
- [ ] **estate** 107
- [ ] **estimate** 295
- [ ] **evaluate** 039
- [ ] **exceed** 161
- [ ] **exchange rate** 333
- [ ] **exclusive** 321
- [ ] **executive** 093
- [ ] **exhausted** 117
- [ ] **exhibit** 057
- [ ] **expand** 225
- [ ] **expectation** 109
- [ ] **expense** 223
- [ ] **expertise** 229
- [ ] **extend** 225

F
- [ ] **facility** 159
- [ ] **fare** 097

- [ ] **fatal** 355
- [ ] **feature** 173
- [ ] **fee** 095
- [ ] **figure** 115
- [ ] **file** 155
- [ ] **finance** 287
- [ ] **fine** 137
- [ ] **fiscal year** 357
- [ ] **fluctuate** 353
- [ ] **forecast** 165
- [ ] **foresee** 309
- [ ] **fountain** 025
- [ ] **freight** 323

H
- [ ] **hand in** 119
- [ ] **hang up** 021
- [ ] **headquarters** 075
- [ ] **hold** 019

I
- [ ] **identify** 115
- [ ] **implement** 139
- [ ] **impressive** 199
- [ ] **in accordance with** 263
- [ ] **in exchange for** 265
- [ ] **indicative** 239
- [ ] **infer** 351
- [ ] **inform** 061
- [ ] **informative** 339
- [ ] **inquire** 039
- [ ] **inquiry** 081
- [ ] **insufficient** 313
- [ ] **insurance carrier** 143
- [ ] **intervene** 055
- [ ] **inventory** 071
- [ ] **invoice** 043

J
- [ ] **justify** 135

L
- [ ] **lean** 021
- [ ] **legislation** 167
- [ ] **liability** 325
- [ ] **load** 015
- [ ] **locate** 041
- [ ] **luggage** 089

M
- [ ] **machinery** 315
- [ ] **make improvements** 259
- [ ] **manufacturer** 343
- [ ] **manuscript** 335
- [ ] **material** 125
- [ ] **matter** 203

- [ ] **means** 275
- [ ] **measure** 161
- [ ] **mechanic** 133
- [ ] **merchandise** 017
- [ ] **merchant** 147
- [ ] **merge** 329
- [ ] **merger** 337
- [ ] **microscope** 027
- [ ] **modest** 187
- [ ] **modify** 289
- [ ] **mutual** 241

N
- [ ] **negligence** 351
- [ ] **notice** 245
- [ ] **notify** 327

O
- [ ] **obstruct** 257
- [ ] **on behalf of** 215
- [ ] **out of order** 083
- [ ] **out of stock** 071
- [ ] **output** 049
- [ ] **outstanding** 103
- [ ] **overdue** 125
- [ ] **overlook** 101
- [ ] **overnight** 059
- [ ] **overtime** 131
- [ ] **overview** 191

P
- [ ] **path** 015
- [ ] **payroll** 065
- [ ] **pedestrian** 025
- [ ] **penetration** 275
- [ ] **performance** 233
- [ ] **periodical** 303
- [ ] **permit** 099
- [ ] **pharmaceutical** 171
- [ ] **pharmacy** 121
- [ ] **pile** 023
- [ ] **plant** 119
- [ ] **poll** 189
- [ ] **possession** 303
- [ ] **postage** 293
- [ ] **predict** 287
- [ ] **prefer** 133
- [ ] **premium** 077
- [ ] **prescription** 301
- [ ] **prestigious** 331
- [ ] **prevent** 207
- [ ] **prior to** 209
- [ ] **procedure** 335
- [ ] **proceed** 261
- [ ] **procure** 307
- [ ] **productive** 179

- [ ] **productivity** 277
- [ ] **prompt** 269
- [ ] **property** 283
- [ ] **prospect** 177
- [ ] **prosperity** 185
- [ ] **purchase** 075

Q
- [ ] **qualification** 341
- [ ] **qualified** 291

R
- [ ] **rapid** 259
- [ ] **real estate** 157
- [ ] **recognize** 139
- [ ] **refer** 291
- [ ] **refrain** 183
- [ ] **refund** 073
- [ ] **regardless of** 253
- [ ] **reimburse** 089
- [ ] **reimbursement** 107
- [ ] **remind** 227
- [ ] **remove** 017
- [ ] **renew** 285
- [ ] **replace** 129
- [ ] **replacement** 235
- [ ] **reply** 313
- [ ] **represent** 083
- [ ] **resident** 239
- [ ] **resign** 035
- [ ] **resolve** 129
- [ ] **respective** 243
- [ ] **restrict** 177
- [ ] **result in** 219
- [ ] **resume** 053
- [ ] **retailer** 105
- [ ] **retain** 227
- [ ] **reveal** 297
- [ ] **review** 099
- [ ] **revise** 095
- [ ] **reward** 169

S
- [ ] **secure** 235
- [ ] **seek** 315
- [ ] **set aside** 029
- [ ] **shipment** 043
- [ ] **shortage** 319
- [ ] **site** 055
- [ ] **sophisticated** 173
- [ ] **specifically** 247
- [ ] **specification** 059
- [ ] **speculation** 229
- [ ] **stable** 355
- [ ] **stack** 013
- [ ] **stationery** 141

- [ ] **stock** 153
- [ ] **strategy** 045
- [ ] **strict** 191
- [ ] **submit** 203
- [ ] **subsidiary** 111
- [ ] **subsidy** 339
- [ ] **suffer** 319
- [ ] **sum** 359
- [ ] **superior to** 209
- [ ] **supervise** 045
- [ ] **supervisor** 053
- [ ] **supplier** 305
- [ ] **supply** 073
- [ ] **surrounding** 243
- [ ] **survey** 197
- [ ] **sustain** 179
- [ ] **sweep** 027

T
- [ ] **take advantage of** 207
- [ ] **take steps** 219
- [ ] **takeover** 297
- [ ] **tax revenue** 333
- [ ] **temporarily** 265
- [ ] **term** 223
- [ ] **through** 249
- [ ] **transaction** 283
- [ ] **transfer** 047

U
- [ ] **undergo** 347
- [ ] **underlie** 359
- [ ] **unload** 023
- [ ] **utility** 327

V
- [ ] **valid** 271
- [ ] **valid for** 221
- [ ] **vary** 241
- [ ] **verify** 175

W
- [ ] **warehouse** 019
- [ ] **warn** 185
- [ ] **warranty** 183
- [ ] **withdraw** 299
- [ ] **without notice** 217
- [ ] **workplace** 121

1日1分レッスン！ TOEIC Test 英単語、これだけ

一〇〇字書評

切り取り線

購買動機（新聞、雑誌名を記入するか、あるいは○をつけてください）
□ （　　　　　　　　　　　　　　　　）の広告を見て
□ （　　　　　　　　　　　　　　　　）の書評を見て
□ 知人のすすめで　　　　□ タイトルに惹かれて
□ カバーがよかったから　□ 内容が面白そうだから
□ 好きな作家だから　　　□ 好きな分野の本だから

●最近、最も感銘を受けた作品名をお書きください

●あなたのお好きな作家名をお書きください

●その他、ご要望がありましたらお書きください

住所	〒
氏名		職業		年齢	
新刊情報等のパソコンメール配信を希望する・しない	Eメール	※携帯には配信できません

あなたにお願い

この本の感想を、編集部までお寄せいただけたらありがたく存じます。今後の企画の参考にさせていただきます。Eメールでも結構です。

いただいた「一〇〇字書評」は、新聞・雑誌等に紹介させていただくことがあります。その場合はお礼として特製図書カードを差し上げます。

前ページの原稿用紙に書評をお書きの上、切り取り、左記までお送り下さい。宛先の住所は不要です。

なお、ご記入いただいたお名前、ご住所等は、書評紹介の事前了解、謝礼のお届けのためだけに利用し、そのほかの目的のために利用することはありません。

〒一〇一―八七〇一
祥伝社黄金文庫編集長　吉田浩行
☎〇三（三二六五）二〇八四
ohgon@shodensha.co.jp
祥伝社ホームページの「ブックレビュー」
http://www.shodensha.co.jp/
bookreview/
からも、書けるようになりました。

祥伝社黄金文庫

1日1分レッスン！　TOEIC Test　英単語、これだけ

平成18年 9月10日　初版第 1 刷発行
平成27年 6月10日　　　第 15 刷発行

著　者	中村澄子
発行者	竹内和芳
発行所	祥伝社

〒101-8701
東京都千代田区神田神保町3-3
電話　03（3265）2084（編集部）
電話　03（3265）2081（販売部）
電話　03（3265）3622（業務部）
http://www.shodensha.co.jp/

印刷所	萩原印刷
製本所	ナショナル製本

本書の無断複写は著作権法上での例外を除き禁じられています。また、代行業者など購入者以外の第三者による電子データ化及び電子書籍化は、たとえ個人や家庭内での利用でも著作権法違反です。
造本には十分注意しておりますが、万一、落丁・乱丁などの不良品がありましたら、「業務部」あてにお送り下さい。送料小社負担にてお取り替えいたします。ただし、古書店で購入されたものについてはお取り替え出来ません。

Printed in Japan　ⓒ 2006, Sumiko Nakamura　ISBN978-4-396-31414-9 C0182

祥伝社黄金文庫

片岡文子　1日1分！英単語

TOEICや入試試験によく効く！ワンランクアップの単語力はこの1冊で必要にして十分。

石田 健　1日1分！英字新聞 プレミアム

超人気シリーズが今年はさらにパワーアップ！ 音声サービスで、リスニング対策も万全。

石田 健　1日1分！英字新聞 Vol. 4

最新ニュースがサクサク読める！「継続は力なり！」が実感できる！バラエティに富んだ120本の記事。

石田 健　1日1分！英字新聞 Vol. 3

最新ニュース満載。TOEIC、就職試験、受験によく効く「英語の特効薬」ができました！

石田 健　1日1分！英字新聞 Vol. 2

「早く続編を！」のリクエストが殺到した『1日1分！英字新聞』第2弾！〈付録〉英字新聞によく出る英単語

石田 健　1日1分！英字新聞

超人気メルマガが本になった！"生きた英語"はこれで完璧。最新英単語と文法が身につく。

祥伝社黄金文庫

中村澄子　1日1分レッスン！ TOEIC Test 英単語、これだけ

出ない単語は載せません。耳からも学べる、最小にして最強の単語集。1冊丸ごとダウンロードできます。

中村澄子　1日1分レッスン！ TOEIC Test〈ステップアップ編〉

高得点者続出！　目標スコア別、最小の努力で最大の効果。音声ダウンロードもできます。

中村澄子　1日1分レッスン！ TOEIC Test〈パワーアップ編〉

「試験開始！」その直前まで手放せない。最小にして最強の参考書、今年も出ました！　新テストに対応。

中村澄子　1日1分レッスン！ TOEIC Test

力をつけたい人はもう始めている！　噂のメルマガが本になった！　短期間で点数アップ！

片岡文子　1日1分！ 英単語 ビジネス

ニュアンスの違いがわかれば、使える語彙はどんどん増える。ワンパターンの表現じゃ、いい仕事はできません。

片岡文子　1日1分！ 英単語 ちょっと上級

日本語訳は似ているのに、実はまるで違う単語ニュアンスがわかれば、使える語彙は増える。

祥伝社黄金文庫

桂 枝雀　落語で英会話

コミュニケーションの極意はアクションと情にあり！　英語落語の第一人者が教える英会話の真髄。

シグリッド・H・譽　アメリカの子供はどう英語を覚えるか

アメリカ人の子供も英語を間違えながら覚えていく。子供に戻った気分で、気楽にどうぞ。

志緒野マリ　今度こそ本気で英語をモノにしたい人の最短学習法

本気でやろうと思う人にだけ、「本当に価値ある方法論」をお教えしたい。

志緒野マリ　これであなたも英会話の達人

ベテラン通訳ガイドが「企業秘密」を初公開！　外国人と会話を楽しむワザが笑いながら身につく。

志緒野マリ　たった3ヵ月で英語の達人

留学経験なし、英語専攻でもなし。たった3カ月の受験勉強で通訳ガイドになった著者の体験的速習法。

中村澄子　1日1分レッスン！ 新TOEIC Test

最小、最強、そして最新！　新テストに完全対応。受験生必携のベストセラーが生まれ変わりました。

音声版ダウンロードについて

本書に収録している単語と例文の音声データを、
祥伝社ホームページからダウンロードできます。

← ここをハサミなどで切ってください

パスワード：　GET990

「どうしてもダウンロードできない」という方は、
黄金文庫編集部にメールでご連絡ください。
ohgon@shodensha.co.jp

このたびは中村澄子著『1日1分レッスン！TOEIC Test 英単語、これだけ』をお買いあげいただき、ありがとうございます。

ネイティブスピーカーが本書を1冊丸ごと朗読した、音声ファイルをご用意しました。

TOEIC Test のリスニング対策に最適です。お持ちのパソコンやMPプレーヤーで繰り返しお聞きになって、「英語の耳」を鍛えてください。

ダウンロードは、以下の手順でお願いします。

1. 祥伝社のホームページを開いてください。
   http://www.shodensha.co.jp/index.html
2. 『1日1分レッスン！TOEIC Test 英単語、これだけ』
   1冊丸ごとダウンロードのバナーをクリックしてください。
3. パスワード入力画面に、右ページのパスワードを打ち込んでください（半角英数です）。
4. ダウンロード画面に切り替わります。

■ナレーション：**佐川ケネス**

ハワイ出身の日系3世。カリフォルニア大学バークレー校で英語と歴史（政治史）を専攻。バークレー大学大学院で日本政治史を専攻した後、同大学博士課程にすすむ。博士論文執筆のため、来日。日本が気に入り、博士号取得後も日本で暮らすことに。日米会話学院で30年、某有名女子大学で25年の長きにわたり教鞭をとる。執筆も多数。特に『すらすら／らくらく／わくわく／うきうき英文速読術』など速読術関連の本の多くが人気をはくす。クラシック音楽、バレエ、演劇をこよなく愛する文化人。

音声版ダウンロードについて

本書に収録している単語と例文の音声データを、祥伝社ホームページからダウンロードできます。

→ここをハサミなどで切ってください